四部要籍選刊·史部

蔣鵬翔 主編

清金陵書局本

後漢書

九

〔南朝宋〕范曄 撰

〔唐〕李賢等注

浙江大學出版社

本册目録

卷八十九

卷九十

續漢書八志

志第一

志第二

志第三

志第四

志第五

志第六

志第七

志第八

志第九

後漢書八十七

唐章懷太子賢注

西羌傳第七十七

西羌之本出自三苗羌姓之別也其國近南岳（衡山也）及舜流四凶徙之三危（三危山在今沙州敦煌縣東南山有三峰故曰三危也）河關之西南羌地是也（河關縣屬金城郡已上並續漢書文）濱於賜支至乎河首綿地千里賜支者禹貢所謂析支者也南接蜀漢徼外蠻夷西北鄯善車師諸國所居無常依隨水草地少五穀以產牧爲業其俗氏族無定或以父名母姓爲種號十二世後相與婚姻父沒則妻後母兄亡則納釐嫂（寡婦曰釐力之反）故國無鰥寡種類繁熾不立君臣無相長一強則分種爲酋豪弱則爲人附落更相抄暴以力爲雄殺人償死無它禁令其兵常在山谷短於平地不能持久而果於觸突以戰死爲吉利病終爲不祥堪耐寒苦同之禽獸雖婦人產子亦不避風雪性堅剛勇猛得西方金行之氣焉

黃帝素問曰西方者金玉之域沙石之處其人山居而多風水土剛强王政修則賓服德教失則寇亂昔夏后氏
太康失國太康夏啓之子盤于游田不恤人事爲羿所逐不得反國也四夷背叛及后相即位乃征畎夷
后相即太康孫仲康之子七年然後來賓至於后泄始加爵命由是服從泄啓八代孫帝芒之子也
后桀之亂畎夷入居邠岐之閒邠今幽州也岐即岐州成湯旣興伐而攘之及殷
室中衰諸夷皆叛至于武丁征西戎鬼方三年乃克武丁殷王也易曰高宗伐鬼方前書
音義曰鬼方遠方也故其詩曰自彼氐羌莫敢不來王殷頌之文及武乙暴虐犬戎寇
邊帝武乙即武丁五代孫無道爲偶人像謂之天神與之博令人代之行天神不勝而僇辱之又爲革囊盛血仰而射之命曰射天遂被雷震而死周古公踰梁
山而避於岐下梁山在今雍州好時縣西北古公文王之祖也岐山在扶風郡也及子季歷遂伐西落鬼戎
竹書紀年武乙三十五年周王季伐西落鬼戎俘二十翟王也太丁之時季歷復伐燕京之戎戎人大敗周
師太丁武丁子也竹書紀年曰太丁二年周人伐燕京之戎周師大敗也後二年周人克余無之戎於是太丁命
季歷爲牧師季歷文王之父也竹書紀年曰太丁四年周人伐余無之戎克之周王季命爲殷牧師也自是之後更伐始呼翳
徒之戎皆克之竹書紀年曰太丁七年周人伐始呼之戎克之十一年周人代翳徒之戎捷其三大夫也及文王爲西伯西有

昆夷之患，北有玁狁之難，遂攘戎狄而戍之，莫不賓服。（見詩小雅采薇篇）乃率西戎，征殷之叛國以事紂。（左傳晉韓獻子曰：「文王率殷之叛國以事紂，惟知時。」）及武王伐商，羌、髳率師會於牧野。（尚書曰：「庸、蜀、羌、髳、微、盧、彭、濮人。」孔安國注曰：「皆蠻夷戎狄也。」）至穆王時，戎狄不貢，王乃西征犬戎，獲其五王，又得四白鹿、四白狼，（見史記）王遂遷戎於太原。夷王衰弱，（夷王，穆王孫，名燮。）荒服不朝，乃命虢公率六師伐太原之戎，至於俞泉，獲馬千匹。（見竹書紀年）厲王無道，戎狄寇掠，乃入犬丘，殺秦仲之族。（犬丘，縣名，秦曰廢丘，漢曰槐里也。）王命伐戎，不克。及宣王立四年，使秦仲伐戎，爲戎所殺。王乃召秦仲子莊公，與兵七千人，伐戎破之，由是少卻。後二十七年，王遣兵伐太原戎，不克。後五年，王伐條戎、奔戎，王師敗績。後二年，晉人伐北戎於分隰，（二水名）戎人滅姜侯之邑。明年，王征申戎，破之。後十年，幽王命伯士伐六濟之戎，軍敗，伯士死焉。（並見竹書紀年）其年，戎圍犬丘，虜秦襄公之兄伯父。時幽王昏虐，四夷交侵，遂廢申后而立褒奴申侯怒與戎寇周殺幽王於酈山周乃東遷洛邑秦襄公攻戎救周後二年邢侯大破北戎及平王之末周遂陵遲戎逼諸夏自隴山㠯東及乎伊洛往往有戎於是渭首有狄獂邽冀之戎狄卽狄道獂卽獂道邽卽上邽縣冀卽冀縣涇北有義渠之戎義渠縣屬北地郡洛川有大荔之戎洛川卽洛水大荔占戎國秦獲之改曰臨晉今同州城是也渭南有驪戎伊洛間有楊拒泉皋之戎杜預注左傳云楊拒戎邑也潁首㠯西有蠻氏之戎左傳曰單浮餘國蠻氏杜預注云梁南有霍陽山皆蠻子之邑當春秋時間在中國與諸夏盟會魯莊公伐秦取邽冀之戎後十餘歲晉滅驪戎是時伊洛戎強東侵曹魯左傳莊公十八年公追戎於濟西杜預注戎侵魯魯人不知乃追之二十四年戎侵曹也後十九年遂入王城於是秦晉伐戎㠯救周事竝見左傳僖公十一年後二年又寇京師齊桓公徵諸侯戍周後九年陸渾戎自瓜州遷於伊川瓜州今瓜州也事見僖二十二年允姓戎遷於渭汭允姓陰戎之祖與三苗俱放三危東及轘轅在河南山北者號曰陰戎陰戎之種㠯滋廣左傳哀公四年蠻子赤奔晉陰地杜預注曰陰地河南山北自上雒以東至陸渾晉文公欲修霸業乃賂戎狄

通道召臣王室秦穆公得戎人由余遂霸西戎開地千里【由余其先晉人也亾入戎戎王聞穆公賢使由余觀秦秦穆公以客禮待之秦遺戎王以女樂由余諫不聽由余乃降秦爲謀伐戎】及晉悼公又使魏絳和諸戎復修霸業【魏絳晉大夫見左傳襄公十三年】是時楚晉强盛威服諸戎陸渾伊洛陰戎事晉而蠻氏從楚後陸渾叛晉晉令荀吳滅之【荀吳晉大夫中行穆子也見左傳昭公元年】後四十四年楚執蠻氏而盡囚其人是時義渠大荔最强築城數十皆自稱王至周貞王八年秦厲公滅大荔取其地趙亦滅代戎卽北戎也韓魏復共稍并伊洛陰戎滅之其遺脫者皆逃走西踰汧隴【汧山隴山之閒也在今隴州汧源縣】自是中國無戎寇唯餘義渠種焉至貞王二十五年秦伐義渠虜其王【卽厲公二十三年伐也】後十四年義渠侵秦至渭陰後百許年義渠敗秦師於洛後四年義渠國亂秦惠王遣庶長操將兵定之【操名也庶長秦爵也事見左傳】義渠遂臣於秦後八年秦伐義渠取郁郅【縣名屬北地郡】後二年義渠敗秦師於李伯【李伯地名未詳】明年秦伐義渠取徒涇二十五城【徒涇縣名】

屬西河郡及昭王立義渠王朝秦遂與昭王母宣太后通生二子至王赧四十三年宣太后誘殺義渠王於甘泉宮因起兵滅之始置隴西北地上郡焉戎本無君長夏后氏末及商周之際或從侯伯征伐有功天子爵之㠯爲藩服春秋時陸渾蠻氏戎稱子戰國世大荔義渠稱王及其衰㠯餘衆皆反舊爲酋豪云

羌無弋爰劒者秦厲公時爲秦所拘執㠯爲奴隸不知爰劒何戎之别也後得亾歸而秦人追之急藏於巖穴中得免羌人云爰劒初藏穴中秦人焚之有景象如虎爲其蔽火得㠯不死旣出又與劓女遇於野劓截鼻也遂成夫婦女恥其狀被髮覆面羌人因㠯爲俗遂俱亾入三河間續漢書曰遂俱亾入河湟間今此言三河即黄河賜支河湟河也諸羌見爰劒被焚不死怪其神共畏事之推㠯爲豪河湟間少五穀多禽獸㠯射獵爲事湟水出金城郡臨羌縣爰劒教之田畜遂見敬信廬落種人依之者日益衆羌人謂

奴爲無弋㠯爰劍嘗爲奴隸故因名之其後世世爲豪至爰劍曾孫忍時秦獻公初立欲復穆公之迹（穆公霸有西戎公今欲復之）兵臨渭首滅狄獂戎（獂音丸）忍季父卬畏秦之威將其種人附落而南出賜支河曲西數千里與衆羌絕遠不復交通其後子孫分別各自爲種任隨所之或爲氂牛種越巂羌是也或爲白馬種廣漢羌是也或爲參狼種武都羌是也忍及弟舞獨留湟中竝多娶妻婦忍生九子爲九種舞生十七子爲十七種羌之興盛從此起矣及忍子研立時秦孝公雄強威服羌戎孝公使太子駟率戎狄九十二國朝周顯王研至豪健故羌中號其後爲研種及秦始皇時務并六國㠯諸侯爲事兵不西行故種人得㠯繁息秦既兼天下使蒙恬將兵略地西逐諸戎北卻衆狄築長城㠯界之衆羌不復南度至于漢興匈奴冒頓兵強破東胡走月氏威震百蠻臣服諸羌景帝時研種留何

率種人求守隴西塞於是徙置何等於狄道安故至臨洮氐道羌道縣（氐音丁兮反五縣並屬隴西郡）及武帝征伐四夷開地廣境北卻匈奴西逐諸羌乃度河湟築令居塞（令居縣屬金城郡令音零）初開河西列置四郡（酒泉武威張掖敦煌也）通道玉門隔絕羌胡使南北不得交關於是障塞亭燧出長城外數千里時先零羌與封養牢姐種解仇結盟（姐音紫）與匈奴通合兵十餘萬共攻令居安故遂圍枹罕（安故縣屬隴西郡枹罕縣屬金城郡枹音鈇）漢遣將軍李息郎中令徐自為將兵十萬人擊平之始置護羌校尉持節統領焉羌乃去湟中依西海鹽池左右（金城郡臨羌縣有鹽池也）漢遂因山為塞河西地空稍徙人以實之至宣帝時遣光祿大夫義渠安國（義渠姓也）覘行諸羌其先零種豪言願得度湟水逐人所不田處以為畜牧安國以事奏聞後將軍趙充國以為不可聽後因緣前言遂度湟水郡縣不能禁至元康三年先零乃與諸羌大共盟誓將欲寇邊帝聞復使安國將兵

觀之安國至召先零豪四十餘人斬之因放兵擊其種斬首千餘級於是諸羌怨怒遂寇金城乃遣趙充國與諸將將兵六萬人擊破平之至研十三世孫燒當立元帝時彡姐等七種羌寇隴西（彡音先廉反又所廉反姐音紫）遣右將軍馮奉世擊破降之從爰劒種五世至研研最豪健自後以研爲種號十三世至燒當復豪健其子孫更以燒當爲種號自彡姐羌降之後數十年四夷賓服邊塞無事至王莽輔政欲燿威德以懷遠爲名乃令譯諷旨諸羌使共獻西海之地初開以爲郡築五縣邊海亭燧相望焉（燧烽也）

滇良者燒當之玄孫也時王莽末四夷內侵及莽敗衆羌遂還據西海爲寇更始赤眉之際羌遂放縱寇金城隴西隗囂雖擁兵而不能討之乃就慰納因發其衆與漢相拒建武九年隗囂死司徒掾班彪上言今涼州部皆有降羌羌胡被髮左衽而與漢人雜處

習俗既異言語不通數爲小吏黠人所見侵奪窮恚無聊故致反叛夫蠻夷寇亂皆爲此也舊制益州部置蠻夷騎都尉幽州部置領烏桓校尉涼州部置護羌校尉皆持節領護理其怨結歲時循行問所疾苦又數遣使驛通動靜使塞外羌夷爲吏耳目州郡因此可得儆備今宜復如舊以明威防光武從之卽以牛邯爲護羌校尉持節如舊及邯卒而職省十年先零豪與諸種相結復寇金城隴西遣中郎將來歙等擊之大破事已具歙傳十一年夏先零種復寇臨洮隴西太守馬援破降之後悉歸服徙置天水隴西扶風三郡明年武都參狼羌反援又破降之事已具援傳自燒當至滇良世居河北大允谷種小人貧而先零卑湳並皆強富數侵犯之湳音乃感反 滇良父子積見陵易憤怒而數有恩信於種中於是集會附落及諸雜種乃從大榆入掩擊先零卑湳大破之殺三千人掠

取財畜奪居其地大榆中由是始强滇良子滇吾立中元元年武都參狼羌反殺掠吏人太守與戰不勝隴西太守劉盱遣從事辛都監軍掾李苞將五千人赴武都與羌戰斬其酋豪首虜千餘人時武都兵亦更破之斬首千餘級餘悉降時滇吾附落轉盛常雄諸羌每欲侵邊者滇吾轉教以方略爲渠帥二年秋燒當羌滇吾與弟滇岸率步騎五千寇隴西塞劉盱遣兵於枹罕擊之不能克又戰於允街（允音鉛街音階縣名屬金城郡）爲羌所敗殺五百餘人於是守塞諸羌皆復相率爲寇遣謁者張鴻領諸郡兵擊之戰於允吾唐谷（允音鉛吾音牙縣名屬金城郡唐谷故城在今鄯州湟水縣西也）軍敗鴻及隴西長史田颯皆沒又天水兵爲牢姐種所敗於白石死者千餘人（白石縣名屬金城郡有白石山）時燒何豪有婦人比銅鉗者年百餘歲多智算爲種人所信向皆從取計策時爲盧水胡所擊比銅鉗乃將其衆來依郡縣種人頗有犯法者臨羌長收繫比

銅鉗而誅殺其種六七百人顯宗憐之乃下詔曰昔桓公伐戎而無仁惠故春秋貶曰齊人（春秋莊公三十年齊人伐山戎公羊傳曰此齊侯也其稱人何貶也何休注曰戎亦天地之所生乃迫殺之惡不仁也）今國家無德恩不及遠羸弱何辜而當并命夫長平之暴非帝者之功（言帝王好生惡殺故不以爲功也史記曰白起昭王時爲上將軍擊趙趙不利將軍趙括與六十萬人請降起乃盡阬之遺其小者二百四十人）咎由太守長吏妄加殘戮比銅鉗尚生者所在致醫藥養視令招其種人若欲歸故地者厚遣送之其小種若束手自詣欲効功者皆除其罪若有逆謀爲吏所捕而獄狀未斷悉以賜有功者永平元年復遣中郎將竇固捕虜將軍馬武等擊滇吾於西邯大破之事已具武等傳滇吾遠引去餘悉散降徙七千口置三輔以謁者竇林領護羌校尉居狄道林爲諸羌所信而滇岸遂詣林降林爲下吏所欺謬奏上滇岸以爲大豪承制封爲歸義侯加號漢大都尉明年滇吾復降林復奏其第一豪與俱詣闕獻見帝怪一種兩豪疑其非

實以事詰林林辭窘（窘窮也）乃僞對曰滇岸卽滇吾隴西語不正耳帝窮驗知之怒而免林官會涼州刺史又奏林藏罪遂下獄死謁者郭襄代領校尉事到隴西聞涼州羌盛還詣闕抵罪於是後省校尉官滇吾子東吾立以父降漢乃入居塞內謹愿自守而諸弟迷吾等數爲寇盜肅宗建初元年安夷縣吏略妻卑湳種羌婦吏爲其夫所殺安夷長宗延追之出塞（安夷縣名屬金城縣）種人恐見誅遂共殺延而與勒姐及吾良二種相結爲寇隴西太守孫純遣從事李睦及金城兵會和羅谷與卑湳等戰斬首虜數百人復拜故度遼將軍吳棠領護羌校尉居安夷二年夏迷吾遂與諸衆聚兵欲叛出塞金城太守郝崇追之戰於荔谷崇兵大敗崇輕騎得脫死者二千餘人於是諸種及屬國盧水胡悉與相應吳棠不能制坐徵免武威太守傅育代爲校尉移居臨羌迷吾又與封養種豪布橋等五

萬餘人共寇隴西漢陽於是遣行車騎將軍馬防長水校尉耿恭副討破之於是臨洮索西迷吾等悉降防乃築索西城故城在今洮州徙隴西南部都尉戍之悉復諸亭候至元和三年迷吾復與弟號吾諸雜種反叛秋號吾先輕入寇隴西界郡督烽掾李章追之生得號吾將詣郡號吾曰獨殺我無損於羌誠得生歸必悉罷兵不復犯塞隴西太守張紆權宜放遣羌即為解散各歸故地迷吾退居河北歸義城傅育不欲失信伐之乃募人鬬諸羌胡羌胡不肯遂復叛出塞更依迷吾章和元年育上請發隴西張掖酒泉各五千人諸郡太守將之育自領漢陽金城五千人合二萬兵與諸郡剋期擊之令隴西兵據河南張掖酒泉兵遮其西並未及會育軍獨進迷吾聞之徙廬落去育選精騎三千窮追之夜至建威南三兜谷去虜數里須旦擊之不設備迷吾乃伏兵三百人夜突育營營中

驚壞散走育下馬手戰殺十餘人而死死者八百八十人及諸郡兵到羌遂引去育北地人也顯宗初爲臨羌長與捕虜將軍馬武等擊羌滇吾功冠諸軍及在武威威聲聞於匈奴食祿數十年秩奉盡贍給知友妻子不免操井臼肅宗下詔追褒美之封其子毅爲明進侯七百戶以隴西太守張紆代爲校尉將萬人屯臨羌迷吾既殺傅育狃忕邊利狃忕慣習也狃音女九反忕音時制反章和元年復與諸種步騎七千人入金城塞張紆遣從事司馬防將千餘騎及金城兵會戰於木乘谷迷吾兵敗走因譯使欲降紆納之遂將種人詣臨羌縣紆設兵大會施毒酒中羌飲醉紆因自擊伏兵起誅殺酋豪八百餘人斬迷吾等五人頭以祭育冢復放兵擊在山谷間者斬首四百餘人得生口二千餘人迷吾子迷唐及其種人向塞號哭與燒何當煎當闐等相結以子女及金銀娉納諸種解仇交質將五千人

寇隴西塞太守寇盱與戰於白石迷唐不利引還大小榆谷北招屬國諸胡集附落種衆熾盛張紆不能討永元元年紆坐徵㠯張掖太守鄧訓代爲校尉稍㠯賞賂離間之由是諸種少解東吾子東號立是時號吾將其種人降校尉鄧訓遣兵擊迷唐迷唐去大小榆谷徙居頗巖谷和帝永元四年訓病卒蜀郡太守聶尚代爲校尉尚見前人累征不克欲㠯文德服之乃遣譯使招呼迷唐使還居大小榆谷迷唐旣還遣祖母卑缺詣尚尚自送之塞下爲設祖道令譯田汜等五人護送至廬落迷唐因而反叛遂與諸種共生屠裂汜等㠯血盟詛復寇金城塞五年尚坐徵免居延都尉貫友代爲校尉友㠯迷唐難用德懷終於叛亂乃遣譯使構離諸種誘㠯財貨由是解散友乃遣兵出塞攻迷唐於大小榆谷獲首虜八百餘人收麥數萬斛遂夾逢留大河築城塢作大航造河橋欲

度兵擊迷唐迷唐乃率部落遠依賜支河曲至八年友病卒漢陽太守史充代爲校尉充至遂發湟中羌胡出塞擊迷唐而羌迎敗充兵殺數百人明年充坐徵代郡太守吳祉代爲校尉其秋迷唐率八千人寇隴西殺數百人乘勝深入脅塞內諸種羌共爲寇盜衆羌復悉與相應合步騎三萬人擊破隴西兵殺大夏長大夏縣名屬隴西郡遣行征西將軍劉尚越騎校尉趙代副將北軍五營黎陽雍營三輔積射及邊兵羌胡三萬人討之五營卽五校也雍營卽扶風都尉屯也黎陽營解見南匈奴傳也尚屯狄道代屯枹罕尚遣司馬寇盱監諸郡兵四面竝會迷唐懼棄老弱奔入臨洮南尚等追至高山迷唐窮迫率其精強大戰盱斬虜千餘人得牛馬羊萬餘頭迷唐引去漢兵死傷亦多不能復追乃還入塞明年尚代竝坐畏懦徵下獄免謁者王信領尚營屯枹罕謁者耿譚領代營屯白石譚乃設購賞諸種頗來內附迷唐恐乃請

降信譚遂受降罷兵遣迷唐詣闕其餘種人不滿二千飢窘不立入居金城和帝令迷唐將其種人還大小榆谷迷唐已爲漢作河橋兵來無常故地不可復居辭已種人飢餓不肯遠出吳祉等乃多賜迷唐金帛令糴穀市畜促使出塞種人更懷猜驚十二年遂復背叛乃脅將湟中諸胡寇鈔而去王信耿譚吳祉皆坐徵已酒泉太守周鮪代爲校尉明年迷唐復還賜支河曲初累姐附漢迷唐怨之遂擊殺其酋豪由是與諸種爲讎黨援益疏其秋迷唐復將兵向塞周鮪與金城太守侯霸及諸郡兵屬國湟中月氏諸胡隴西牢姐羌合三萬人出塞至允州與迷唐戰周鮪還營自守唯侯霸兵陷陳斬首四百餘級羌衆折傷種人瓦解降者六千餘口分徙漢陽安定隴西迷唐遂弱其種衆不滿千人遠踰賜支河首依發羌居明年周鮪坐畏懦徵侯霸代爲校尉安定降羌燒何種

脅諸羌數百人反叛郡兵擊滅之悉沒入弱口爲奴婢時西海及大小榆谷左右無復羌寇隃麋相曹鳳上言隃麋縣名屬右扶風西戎爲害前世所患臣不能紀古且㠯近事言之自建武㠯來其犯法者常從燒當種起所㠯然者㠯其居大小榆谷土地肥美又近塞內諸種易㠯爲非難㠯攻伐南得鍾存㠯廣其衆北阻大河因㠯爲固又有西海魚鹽之利緣山濱水㠯廣田畜故能彊大常雄諸種恃其權勇招誘羌胡今者衰困黨援壞沮親屬離叛餘勝兵者不過數百亾逃棲竄遠依發羌臣愚㠯爲宜及此時建復西海郡縣規固二榆廣設屯田隔塞羌胡交關之路遏絕狂狡窺欲之源又殖穀富邊省委輸之役國家可㠯無西方之憂於是拜鳳爲金城西部都尉將徙士屯龍耆龍耆卽龍支也今鄯州縣後金城長史上官鴻上開置歸義建威屯田二十七部侯霸復上置東西邯屯田五部邯水名邯分流左右今在鄯州增留

逢二部帝皆從之列屯夾河合三十四部其功垂立至永初中諸
羌叛乃罷迷唐失衆病死有一子來降戶不滿數千
東號子麻奴立初隨父降居安定時諸降羌布在郡縣皆爲吏人
豪右所徭役積以愁怨安帝永初元年夏遣騎都尉王弘發金城
隴西漢陽羌數百千騎征西域弘迫促發遣羣羌懼遠屯不還行
到酒泉多有散叛諸郡各發兵徼遮或覆其廬落於是勒姐當煎
大豪東岸等愈驚遂同時奔潰麻奴兄弟因此遂與種人俱西出
塞先零別種滇零與鍾羌諸種大爲寇掠斷隴道時羌歸附既久
無復器甲或持竹竿木枝以代戈矛或負版案以爲楯或執銅鏡
以象兵郡縣畏懦不能制冬遣車騎將軍鄧騭征西校尉任尙副
將五營及三河三輔汝南南陽潁川太原上黨兵合五萬人屯漢
陽明年春諸郡兵未及至鍾羌數千人先擊敗騭軍於冀西殺千

餘人校尉侯霸坐衆羌反叛徵免以西域都護段禧代爲校尉其冬隲使任尚及從事中郎司馬鈞率諸郡兵與滇零等數萬人戰於平襄（縣名屬漢陽郡）尚軍大敗死者八千餘人於是滇零等自稱天子於北地招集武都參狼上郡西河諸雜種衆遂大盛東犯趙魏南入益州殺漢中太守董炳遂寇鈔三輔斷隴道湟中諸縣粟石萬錢百姓死亡不可勝數朝廷不能制而轉運難劇遂詔隲還師留任尚屯漢陽爲諸軍節度朝廷以鄧太后故迎拜隲爲大將軍封任尚樂亭侯食邑三百戶三年春復遣騎都尉任仁督諸郡屯兵救三輔仁戰每不利衆羌乘勝漢兵數挫當煎勒姐種攻沒破羌縣鍾羌又沒臨洮縣生得隴西南部都尉明年春滇零遣人寇褒中（縣名屬漢中郡）燔燒郵亭大掠百姓於是漢中太守鄭勤移屯褒中軍營久出無功有廢農桑乃詔任尚將吏兵還屯長安罷遣南陽潁川汝

南吏士置京兆虎牙都尉於長安扶風都尉於雍如西京三輔都尉故事 西京左輔都尉都高陵右輔都尉都郿 時羌復攻褒中鄭勤欲擊之主簿段崇諫以爲虜乘勝鋒不可當宜堅守待之勤不從出戰大敗死者三千餘人段崇及門下史王宗原展以身扞刃與勤俱死於是徙金城郡居襄武 襄武縣名屬隴西郡 任仁戰累敗而兵士放縱檻車徵詣廷尉詔獄死段禧病卒復以前校尉侯霸代之遂移居張掖五年春任尚坐無功徵免羌遂入寇河東至河內百姓相驚多奔南度河使北軍中候朱寵將五營士屯孟津詔魏郡趙國常山中山繕作塢候六百一十六所羌既轉盛而二千石令長多內郡人並無戰守意皆爭上徙郡縣以避寇難朝廷從之遂移隴西徙襄武 縣名屬隴西郡 安定徙美陽 縣名屬右扶風 北地徙池陽 縣名屬左馮翊 上郡徙衙 縣名屬馮翊衙音牙 百姓戀土不樂去舊遂乃刈其禾稼發徹室屋夷營壁破積聚時連旱蝗飢荒而驅蹙

劫略流離分散隨道死亾或棄捐老弱或爲人僕妾喪其大半復㠯任尚爲侍御史擊衆羌於上黨羊頭山破之羊頭山在上黨郡穀遠縣誘殺降者二百餘人乃罷孟津屯其秋漢陽人杜琦及弟季貢同郡王信等與羌通謀聚衆入上邽城琦自稱安漢將軍於是詔購募得琦首者封列侯賜錢百萬羌胡斬琦者賜金百斤銀二百斤漢陽太守趙博遣刺客杜習刺殺琦封習討姦侯賜錢百萬而杜季貢王信等將其衆據樗泉營侍御史唐喜領諸郡兵討破之斬王信等六百餘級沒入妻子五百餘人收金銀綵帛一億已上杜季貢亾從滇零六年任尚復坐徵免滇零死子零昌代立年尚幼少同種狼莫爲其計策㠯杜季貢爲將軍別居丁奚城七年夏騎都尉馬賢與侯霸掩擊零昌別部牢羌於安定首虜千人得驢騾駱駝馬牛羊二萬餘頭㠯畀得者畀音必四反元初元年春遣兵屯河內通谷衝要

三十三所皆作塢壁設鳴鼓零昌遣兵寇雍城又號多與當煎勒姐大豪共脅諸種分兵鈔掠武都漢中巴郡板楯蠻將兵救之漢中五官掾程信率壯士與蠻共擊破之號多退走還斷隴道與零昌通謀侯霸馬賢將湟中吏人及降羌胡於枹罕擊之斬首二百餘級涼州刺史皮楊擊羌於狄道大敗死者八百餘人楊坐徵免侯霸病卒漢陽太守龐參代爲校尉參以恩信招誘之二年春號多等率衆七千餘人詣參降遣詣闕賜號多侯印綬遣之參始還居令居通河西道而零昌種衆復分寇益州遣中郎將尹就將南陽兵因發益部諸郡屯兵擊零昌黨呂叔都等至秋蜀人陳省羅横應募刺殺叔都皆封侯賜錢又使屯騎校尉班雄屯三輔遣左馮翊司馬鈞行征西將軍督右扶風仲光安定太守杜恢北地太守盛包京師虎牙都尉耿溥右扶風都尉皇甫旗等合八千餘人

又龎參將羌胡兵七千餘人與鈞分道竝北擊零昌參兵至勇士東爲杜季貢所敗勇士縣名屬天水郡於是引退鈞等獨進攻拔丁奚城大克獲杜季貢率衆僞逃鈞令光恢包等收羌禾稼光等違鈞節度散兵深入羌乃設伏要擊之鈞在城中怒而不救光竝沒死者三千餘人鈞乃遁還坐徵自殺龎參㠯失期軍敗抵罪㠯馬賢代領校尉事後遣任尚爲中郎將將羽林緹騎五營子弟三千五百人代班雄屯三輔尚臨行懷令虞詡說尚曰使君頻奉國命討逐寇賊三州屯兵二十餘萬人棄農桑疲苦傜役而未有功效勞費日滋若此出不克誠爲使君危之尚曰憂惶久矣不知所如詡曰兵法弱不攻強走不逐飛自然之埶也今虜皆馬騎日行數百來如風雨去如絕弦㠯步追之埶不相及所㠯曠而無功也爲使君計者莫如罷諸郡兵各令出錢數千二十人各市一馬如此可捨甲冑

馳輕兵以萬騎之衆逐數千之虜追尾掩截（尾猶尋也）其道自窮便人利事大功立矣尚大喜即上言用其計乃遣輕騎鈔擊杜季貢於丁奚城斬首四百餘級獲牛馬羊數千頭明年夏度遼將軍鄧遵率南單于及左鹿蠡王須沈萬騎擊零昌於靈州（縣名屬北地郡）斬首八百餘級封須沈爲破虜侯金印紫綬賜金帛各有差任尚遣兵擊破先零羌於丁奚城秋築馮翊北界候塢五百所任尚又遣假司馬募陷陳士擊零昌於北地殺其妻子得牛馬羊二萬頭燒其廬落斬首七百餘級得僭號文書及所沒諸將印綬四年春尚遣當闐種羌榆鬼等五人刺殺杜季貢封榆鬼爲破羌侯其夏尹就以不能定益州坐徵抵罪以益州刺史張喬領尹就軍屯招誘叛羌稍稍降散秋任尚復募效功種號封刺殺零昌封號封爲羌王冬任尚將諸郡兵與馬賢並進北地擊狼莫賢先至安定青石岸狼莫逆

擊敗之會尚兵到高平縣名屬安定郡因合執俱進狼莫等引退乃轉營追之至北地相持六十餘日戰於富平河上大破之富平縣屬北地郡斬首五千級還得所掠人男女千餘人牛馬驢羊駱駝十餘萬頭狼莫逃走於是西河虔人種羌萬一千口詣鄧遵降五年鄧遵募上郡全無種羌雕何等刺殺狼莫賜雕何為羌侯封遵武陽侯三千戶遵以太后從弟故爵封優大任尚與遵爭功又詐增首級受賕枉法臧千萬已上檻車徵棄市沒入田廬奴婢財物自零昌狼莫死後諸羌瓦解三輔益州無復寇儆自羌叛十餘年間兵連師老不暫寍息軍旅之費轉運委輸用二百四十餘億府帑空竭延及內郡邊民死者不可勝數并涼二州遂至虛耗六年春勒姐種與隴西種羌號良等通謀欲反馬賢逆擊之於安故斬號良及種人數百級皆降散永寍元年春上郡沈種羌五千餘人復寇張掖其夏馬

賢將萬人擊之初戰失利死者數百人明日復戰破之斬首千八百級獲生口千餘人馬牛羊以萬數餘虜悉降時當煎種大豪飢五等以賢兵在張掖乃乘虛寇金城賢還軍追之出塞斬首數千級而還燒當燒何種聞賢軍還卒三千餘人復寇張掖殺長吏初飢五同種大豪盧忽忍良等千餘戶別留允街而首尾兩端首尾猶首鼠也建光元年春馬賢率兵召盧忽斬之因放兵擊其種人首虜二千餘人掠馬牛羊十萬頭忍良等皆亡出塞璽書封賢安亭侯食邑千戶忍良等以麻奴兄弟本燒當世嫡而賢撫恤不至常有怨心秋遂相結共脅將諸種步騎三千人寇湟中攻金城諸縣賢將先零種赴擊之戰於牧苑兵敗死者四百餘人麻奴等又敗武威張掖郡兵於令居因脅將先零沈氐諸種四千餘戶緣山西走寇武威賢追到鸞鳥招引之鸞鳥縣名屬武威郡鸞音爵諸種降者數千麻奴南還湟中

延光元年春賢追到湟中麻奴出塞度河賢復追擊戰破之種衆散遯詣涼州刺史宗漢降麻奴等孤弱飢困其年冬將種衆三千餘戶詣漢陽太守耿种降安帝假金印紫綬賜金銀綵繒各有差是歲虔人種羌與上郡胡反攻穀羅城度遼將軍耿夔將諸郡兵及烏桓騎赴擊破之三年秋隴西郡始還狄道焉麻奴弟犀苦立順帝永建元年隴西鍾羌反校尉馬賢將七千餘人擊之戰於臨洮斬首千餘級皆率種人降進封賢都鄉侯自是涼州無事至四年尚書僕射虞詡上疏曰臣聞子孫㠯奉祖爲孝君㠯安民爲明此高宗周宣所㠯上配湯武也禹貢雍州之域厥田惟上且沃野千里穀稼殷積又有龜茲鹽池㠯爲民利上郡龜茲縣有鹽官卽雍州之域也水草豐美土宜產牧牛馬銜尾羣羊塞道北阻山河乘阸據險因渠㠯溉水舂河漕水舂卽水碓也用功省少而軍糧饒足故孝武皇帝及光武築朔

方開西河置上郡皆爲此也而遭元元無妄之災衆羌內潰前書音義曰無妄者無所望也萬物無所望於天災異之大也郡縣兵荒二十餘年夫棄沃壤之饒損自然之財不可謂利離河山之阻守無險之處難以爲固今三郡未復園陵單外園陵謂長安諸陵園也單外謂無守固而公卿選懦容頭過身前書音義曰選懦柔怯也懦音而掾反張解設難但計所費不圖其安宜開聖德考行所長書奏帝乃復三郡使謁者郭璜督促徙者各歸舊縣繕城郭置候驛既而激河浚渠爲屯田省內郡費歲一億計遂令安定北地上郡及隴西金城常儲穀粟令周數年馬賢以犀苦兄弟數背叛因繫質於令居令音零其冬賢坐徵免右扶風韓皓代爲校尉明年犀苦詣皓自言求歸故地皓復不遣因轉湟中屯田置兩河間以逼羣羌皓復坐徵張掖太守馬續代爲校尉兩河間羌以屯田近之恐必後圖乃解仇詛盟各自儆備續欲先示恩信乃上移屯田還湟中羌意乃安至陽嘉

元年㠯湟中地廣更增置屯田五部并爲十部二年夏復置隴西南部都尉如舊制前書南部都尉都隴西郡臨洮縣三年鍾羌良封等復寇隴西漢陽詔拜前校尉馬賢爲謁者鎮撫諸種馬續遣兵擊良封斬首數百級四年馬賢㠯發隴西吏士及羌胡兵擊殺良封斬首千八百級獲馬牛羊五萬餘頭良封親屬並詣賢降賢復進擊鍾羌且昌且昌等率諸種十餘萬詣涼州刺史降永和元年馬續遷度遼將軍復㠯馬賢代爲校尉初武都塞上白馬羌攻破屯官反叛連年二年春廣漢屬國都尉擊破之斬首六百餘級馬賢又擊斬其渠帥飢指累祖等三百級於是隴右復平明年冬燒當種那離等三千餘騎寇金城塞馬賢將兵赴擊斬首四百餘級獲馬千四百匹那離等復西招羌胡殺傷吏民四年馬賢將湟中義從兵及羌胡萬餘騎掩擊那離等斬之獲首虜千二百餘級得馬騾羊十萬餘頭

徵賢爲弘農太守，吕來機爲幷州刺史劉秉爲涼州刺史竝當之職大將軍梁商謂機等曰戎狄荒服蠻夷要服（荒服在九州之外也言其荒忽無常要服在九州之內侯衞之外言以文德要來之）言其荒忽無常而統領之道亦無常法臨事制宜略依其俗今二君素性疾惡欲分明白黑孔子曰人而不仁疾之已甚亂也（論語文也鄭玄注云不仁之人當以風化之疾之已甚是又使之爲亂行）況戎狄乎其務安羌胡防其大故忍其小過機等天性虐刻遂不能從（虐或作庸庸薄也）到州之日多所擾發五年夏且凍傅難種羌等遂反叛攻金城與西塞及湟中雜種羌胡大寇三輔殺害長吏機秉竝坐徵於是發京師近郡及諸州兵討之拜馬賢爲征西將軍吕騎都尉耿叔副將左右羽林五校士及諸州郡兵十萬人屯漢陽又於扶風漢陽隴道作塢壁三百所置屯兵吕保聚百姓且凍分遣種人寇武都燒隴關掠苑馬六年春馬賢將五六千騎擊之到射姑山（射音夜）賢軍敗賢及二子皆戰歿順帝愍之，賜布三千匹，穀千斛，封賢孫光爲舞陽亭侯，租入歲百萬。遣侍御史督錄征西營兵，存恤死傷。於是東西羌遂大合。鞏唐種三千餘騎寇隴西，又燒園林，掠關中，殺傷長吏。郃陽令任頵追擊戰死。郃陽，同州縣也。頵音於筠反。遣中郎將龐浚募勇士千五百人頓美陽，爲涼州援。武威太守趙沖追擊鞏唐羌，斬首四百餘級，得馬牛羊驢萬八千餘頭，羌二千餘人降。詔沖督河西四郡兵爲節度。罕種羌千餘寇北地，北地太守賈福與趙沖擊之，不利。秋，諸種八九千騎寇武威，涼部震恐。於是復徙安定居扶風，北地居馮翊。遣行車騎將軍執金吾張喬將左右羽林、五校士及河內、南陽、汝南兵萬五千屯三輔。漢安元年，以趙沖爲護羌校尉。沖招懷叛羌，罕衆乃率邑落五千餘戶詣沖降。於是罷張喬軍屯。唯燒何種三千餘落據參䜌北界，參䜌，縣名，屬安定郡。䜌音力全反。三年夏，趙沖與漢陽太守張貢掩擊之，斬首千

*東號子麻奴

五百級，得牛羊驢十八萬頭。冬，沖擊諸種，斬首四千餘級。詔沖一子爲郎。沖復追擊於河陽，斬首八百級。（河陽縣屬漢陽郡。）於是諸種前後三萬餘戶詣涼州刺史降。建康元年春，護羌從事馬玄遂爲諸羌所誘，將羌衆亾出塞，領護羌校尉衞瑤追擊玄等，斬首八百餘級，得牛馬羊二十餘萬頭。趙沖復追叛羌到建威鸇陰河。（續漢書建威作武威。鸇陰，縣名，屬安定郡。）軍渡未竟，所將降胡六百餘人叛走，沖將數百人追之，遇羌伏兵，與戰歿。沖雖身死，而前後多所斬獲，羌由是衰耗。永嘉元年，封沖子愷義陽亭侯。㠯漢陽太守張貢代爲校尉。左馮翊梁竝稍㠯恩信招誘之，於是離湳、狐奴等五萬餘戶詣竝降，隴右復平。竝，大將軍冀之宗人，封爲鄠侯，邑二千戶。自永和羌叛，至乎是歲，十餘年閒，費用八十餘億。諸將多斷盜牢稟，私自潤入，（前書音義曰：牢，價直。）皆㠯珍寶貨賂左右，上下放縱，不恤軍事，士卒不得其死者，白骨相望於野。

桓帝建和二年白馬羌寇廣漢屬國殺長吏是時西羌及湟中胡復畔爲寇益州刺史率板楯蠻討破之斬首招降二十萬人永壽元年校尉張貢卒以前南陽太守第五訪代爲校尉甚有威惠西垂無事延熹二年訪卒以中郎將段熲代爲校尉時燒當八種寇隴右熲擊大破之四年零吾復與先零及上郡沈氐牢姐諸種并力寇并涼及三輔會段熲坐事徵以濟南相胡閎代爲校尉閎無威略羌遂陸梁覆沒營塢寇患轉盛中郎將皇甫規擊破之五年沈氐諸種復寇張掖酒泉皇甫規招之皆降事已具規傳烏吾種復寇漢陽隴西金城諸郡兵共擊破之各還降附至冬滇那等五六千人復攻武威張掖酒泉燒民廬舍六年隴西太守孫羌擊破之斬首溺死三千餘人胡閎疾復以段熲爲校尉永康元年東羌岸尾等脅同種連寇三輔中郎將張奐追破斬之事已具奐傳當

煎羌寇武威破羌將軍段熲復破滅之餘悉降散事已具熲傳靈帝建寧三年燒當羌奉使貢獻中平元年北地降羌先零種因黃巾大亂乃與漢中羌義從胡北宮伯玉等反寇隴右事已具董卓傳興平元年馮翊降羌反寇諸縣郭氾樊稠擊破之斬首數千級自爰劒後子孫支分凡百五十種其九種在賜支河首已西及在蜀漢徼北前史不載口數唯參狼在武都勝兵數千人其五十二種衰少不能自立分散爲附落或絕滅無後或引而遠去其八十九種唯鍾最强盛兵十餘萬其餘大者萬餘人小者數千人更相鈔盜盛衰無常無慮順帝時勝兵合可二十萬人（無慮猶都凡也）發羌唐旄等絕遠未嘗往來氂牛白馬羌在蜀漢其種別名號皆不可紀知也建武十三年廣漢塞外白馬羌豪樓登等率種人五千餘戶內屬光武封樓登爲歸義君長至和帝永元六年蜀郡徼外大牂夷

種羌豪造頭等率種人五十餘萬口內屬拜造頭爲邑君長賜印綬至安帝永初元年蜀郡徼外羌龍橋等六種萬七千二百八十口內屬明年蜀郡徼外羌薄申等八種三萬六千九百口復舉土內屬冬廣漢塞外參狼種羌二千四百口復來內屬桓帝建和二年白馬羌千餘人寇廣漢屬國殺長吏益州刺史率板楯蠻討破之

湟中月氏胡其先大月氏之别也舊在張掖酒泉地月氏王爲匈奴冒頓所殺餘種分散西踰葱領其羸弱者南入山阻依諸羌居止遂與共婚姻及驃騎將軍霍去病破匈奴取西河地開湟中於是月氏來降與漢人錯居雖依附縣官而首施兩端其從漢兵戰鬭隨埶强弱被服飲食言語略與羌同亦以父名母姓爲種其大種有七勝兵合九千餘人分在湟中及令居又數百戶在張掖號

曰義從胡中平元年與北宮伯玉等反殺護羌校尉冷徵金城太守陳懿遂寇亂隴右焉

論曰羌戎之患自三代尚矣漢世方之匈奴頗爲衰寡而中興以後邊難漸大朝規失綏御之和戎帥騫然諾之信其內屬者或倥傯於豪右之手或屈折於奴僕之勤塞候時淸則憤怒而思禍桴革暫動則屬鞬以鳥驚桴擊鼓槌也革甲也鞬箭服也左傳晉文公曰右屬櫜鞬鞬音紀言反故永初之間羣種蜂起遂解仇嫌結盟詛招引山豪轉相嘯聚揭木爲兵負柴爲械轂馬揚埃陸梁於三輔建號稱制恣睢於北地前書班固曰乃始恣睢奮其威詐恣睢肆怒之貌也睢音火季反東犯趙魏之郊南入漢蜀之鄙塞湟中斷隴道燒陵園剽城市傷敗踵係羽書日聞羽書卽檄書也魏武奏事曰邊有驚急卽插羽以示急也并涼之士特衡殘斃壯悍則委身於兵場女婦則徽纆而爲虜說文曰徽糾繩也纆索也發冢露胔死生塗炭胔音才賜反自西戎作逆未有陵斥上國若斯其熾也和熹以女君親

政威不外接朝議憚兵力之損情存苟安或㠯邊州難援宜見捐
棄或懼疽食浸淫莫知所限謀夫回遑猛士疑慮遂徙西河四郡
之人雜寓關右之縣發屋伐樹塞其戀土之心燔破赀積㠯防顧
還之思於是諸將鄧騭任尚馬賢皇甫規張奐之徒爭設雄規更
奉征討之命徵兵會衆㠯圖其隙馳騁東西奔救首尾搖動數州
之境日秏千金之資至於假人增賦借奉侯王引金錢縑綵之珍
徵糧粟鹽鐵之積所㠯賂遺購賞轉輸勞來之費前後數十巨萬
或梟剋酋健摧破附落降俘載路牛羊滿山軍書未奏其利害而
離叛之狀已言矣（奏猶上也）故得不酬失功不半勞暴露師徒連年而無
所勝官人屈竭烈士憤喪段熲受事專掌軍任資山西之猛性練
戎俗之態情窮武思盡飆（猋）銳㠯事之被羽前登身當百死之陳（前書楊雄曰蒙盾負羽也）蒙没氷雪經履千折之道始殄西種卒定東寇若乃陷擊之

所殲傷追走之所崩鏥頭顱斷落於萬丈之山支革判解於重崖之上不可校計（顱音盧廣雅曰顱顟顙也支謂四支革皮也）其能穿竄草石自脫於鋒鏃者百不一二而張奐盛稱戎狄一氣所生不宜誅盡流血汙野傷和致妖是何言之迂乎羌雖外患實深內疾若攻之不根是養疾痾於心腹也（根謂盡其根本）惜哉寇敵略定矣而漢祚亦衰焉嗚呼昔先王疆理九土判別畿荒知夷貊殊性難以道御故斥遠諸華薄其貢職唯與辭要而已若二漢御戎之方失其本矣何則先零侵境趙充國遷之內地（宣帝時後將軍趙充國擊先零還於金城郡置屬國以處降羌）當煎作寇馬文淵徙之三輔貪其暫安之埶信其馴服之情計日用之權宜忘經世之遠略豈夫識微者之爲乎故微子垂泣於象箸（帝王紀曰紂作象箸箕子爲父師歎曰象箸不施於土簋不盛於菽藿必須犀玉之杯熊蹯豹胎臣賢按史記及韓子竝云箕子今云微子蓋誤）辛有浩歎於伊川也（左傳曰周平王之東遷也大夫辛有適伊川見被髮而祭於野者曰不及百年此其戎乎後秦遷陸渾戎於伊川言中國之地不宜徙戎狄居之後將爲患也）

贊曰：金行氣剛，播生西羌。氐豪分種，遂用殷強。虔劉隴北，假僭涇陽。涇陽縣屬安定郡。朝勞內謀，兵憊外攘。憊，疾亟也。音曰拜反。

西羌傳第七十七

金陵書局仿汲古閣本刊

後漢書八十七

西域傳第七十八　後漢書八十八

唐章懷太子賢注

武帝時西域內屬有三十六國漢爲置使者校尉領護之前書曰自李廣利征討大宛之後屯田渠犂置使者領護營田以供使外國也宣帝改曰都護宣帝時鄭吉以侍郎田渠犂發兵攻車師遷衞司馬使護鄯善以西南道其後匈奴日逐王降吉漢以吉前破車師後降日逐遂并令護車師以西北道號曰都護都護之置始自於吉也元帝又置戊己二校尉屯田於車師前王庭漢官儀曰戊己中央鎮覆四方又開渠播種以爲厭勝故稱戊己焉車師有前王後王國也哀平閒自相分割爲五十五國王莽篡位貶易侯王由是西域怨叛前書曰莽卽位改匈奴單于印璽爲章和親遂絕西域亦瓦解焉與中國遂絕竝復役屬匈奴匈奴斂稅重刻諸國不堪命建武中皆遣使求內屬願請都護光武以天下初定未遑外事竟不許之會匈奴衰弱莎車王賢誅滅諸國賢死之後遂更相攻伐小宛精絕戎盧且末爲鄯善所并且音子余反渠勒皮山爲于窴所統悉有其地郁立單桓孤胡烏貪訾離爲車師所滅後其國竝復立永平中

北虜乃脅諸國共寇河西郡縣城門晝閉十六年明帝乃命將帥北征匈奴取伊吾盧地（在今伊州伊吾縣也）置宜禾都尉以屯田遂通西域于寘諸國皆遣子入侍西域自絶六十五載乃復通焉明年始置都護戊己校尉及明帝崩焉耆龜茲（龜茲讀曰丘慈下竝同）攻沒都護陳睦悉覆其眾匈奴車師圍戊己校尉建初元年春酒泉太守段彭大破車師於交河城章帝不欲疲敝中國以事夷狄乃迎還戊己校尉不復遣都護二年復罷屯田伊吾匈奴因遣兵守伊吾地時軍司馬班超留于寘綏集諸國和帝永元元年大將軍竇憲大破匈奴二年憲因遣副校尉閻槃將二千餘騎掩擊伊吾破之三年班超遂定西域因以超為都尉居龜茲復置戊己校尉領兵五百人居車師前部高昌壁又置戊部候居車師後部候城相去五百里六年班超復擊破焉耆於是五十餘國悉納質內屬其條支安息諸國至

於海瀕四萬里外皆重譯貢獻九年班超遣掾甘英窮臨西海而還（續漢書甘英作甘菟）皆前世所不至山經所未詳莫不備其風土傳其珍怪焉於是遠國蒙奇兜勒皆來歸服遣使貢獻及孝和晏駕西域背叛安帝永初元年頻攻圍都護任尚段禧等（禧音喜基反）朝廷以其險遠難相應赴詔罷都護自此遂棄西域北匈奴即復收屬諸國共爲邊寇十餘歲敦煌太守曹宗患其暴害元初六年乃上遣行長史索班將千餘人屯伊吾以招撫之於是車師前王及鄯善王來降數月北匈奴復率車師後部王共攻沒班等遂擊走其前王鄯善逼急求救於曹宗因此請出兵擊匈奴報索班之恥復欲進取西域鄧太后不許但令置護西域副校尉居敦煌復部營兵三百人羈縻而已其後北虜連與車師入寇河西朝廷不能禁議者因欲閉玉門陽關以絕其患（玉門陽關二關名也在敦煌西界）延光二年敦煌太守張璫上

書陳三策曰爲北虜呼衍王常展轉蒲類秦海之間大秦國在西海西故曰秦海也專制西域共爲寇鈔今曰酒泉屬國吏士二千餘人集昆侖塞前書敦煌郡廣至縣有昆侖障也宜禾都尉居也廣至故城在今瓜州常樂縣東先擊呼衍王絕其根本因發鄯善兵五千人脅車師後部此上計也若不能出兵可置軍司馬將士五百人四郡供其犂牛穀食出據柳中此中計也武帝初置酒泉武威張掖敦煌列四郡據兩關焉柳中今西川縣也如又不能則宜棄交河城收鄯善等悉使入塞此下計也朝廷下其議尚書陳忠上疏曰臣聞八蠻之寇莫甚北虜漢興高祖窘平城之圍太宗屈供奉之恥窘困也高帝自擊匈奴至平城爲冒頓單于圍於白登七日乃得解太宗文帝也賈誼上疏曰匈奴嫚侮侵掠而漢歲致金絮繒綵以奉之夷狄徵令是人主之操天子供貢是臣下之禮故云恥也故孝武憤怒深惟久長之計命遣虎臣浮河絕漠窮破虜庭沙土曰漠直度曰絕也當斯之役黔首隕於狼望之北財幣縻於盧山之壑狼望匈奴中地名也前書楊雄曰前代豈樂無量之費快心於狼望之北塡盧山之壑而不悔也府庫單竭杼柚空虛筭至舟車貲及六畜武帝時國用不足筭至車船租及六畜言皆計其所得以出筭軺車一筭商賈車二筭船五丈以上一筭六畜

無文以此言之無物不算夫豈不懷慮久故也懷思也遂開河西四郡㠯隔絕南羌前書云起敦煌酒泉張掖以隔婼羌裂匈奴之右臂也收三十六國斷匈奴右臂是㠯單于孤特鼠竄遠藏至於宣元之世遂備藩臣宣帝元帝時呼韓邪單于數入朝稱臣奉貢關徼不閉羽檄不行由此察之戎狄可㠯威服難㠯化狎西域內附日久區區東望扣關者數矣此其不樂匈奴慕漢之效也今北虜已破車師埶必南攻鄯善棄而不救則諸國從矣若然則虜財賄益增膽埶益殖殖生也威臨南羌與之交連如此河西四郡危矣河西既危不得不救則百倍之役興不貲之費發矣議者但念西域絕遠卹之煩費不見先世苦心勤勞之意也方今邊境守禦之具不精內郡武衛之備不修敦煌孤危遠來告急復不輔助內無㠯慰勞吏民外無㠯威示百蠻蹙國減土經有明誡毛詩曰昔先王受命有如召公日辟國百里今也日蹙國百里臣㠯爲敦煌宜置校尉案舊增四郡屯兵㠯西撫諸國庶尼折衝萬里震怖匈奴

（淮南子曰修政於廟堂之上而折衝千里之外也）帝納之乃㠯班勇（班勇班超之子）爲西域長史將弛刑士五百人西屯柳中勇遂破平車師自建武至於延光西域三絕三通順帝永建二年勇復擊降焉耆於是龜茲疏勒于窴莎車等十七國皆來服從而烏孫蔥領已西遂絕六年帝㠯伊吾舊膏腴之地傍近西域匈奴資之㠯爲鈔暴復令開設屯田如永元時事置伊吾司馬一人自陽嘉㠯後朝威稍損諸國驕放轉相陵伐元嘉二年長史王敬爲于窴所沒永興元年車師後王復反攻屯營雖有降首（首猶服也音式救反）曾莫懲革自此浸㠯疏慢矣班固記諸國風土人俗皆已詳備前書今撰建武㠯後其事異於先者㠯爲西域傳皆安帝末班勇所記云

西域內屬諸國東西六千餘里南北千餘里東極玉門陽關西至蔥嶺其東北與匈奴烏孫相接南北有大山中央有河其南山東

出金城與漢南山屬焉其河有兩源一出葱嶺東流葱嶺山名也西河舊事云其山高大生葱故名一出于寘南山下北流與葱嶺河合東注蒲昌海蒲昌海一名鹽澤去玉門三百餘里自敦煌西出玉門陽關涉鄯善北通伊吾千餘里自伊吾北通車師前部高昌壁千二百里自高昌壁北通後部金滿城五百里此其西域之門戶也故戊己校尉更互屯焉伊吾地宜五穀桑麻蒲萄其北又有柳中皆膏腴之地故漢常與匈奴爭車師伊吾以制西域焉自鄯善踰葱嶺出西諸國有兩道傍南山北陂河西行循河曰陂音彼義反次下亦同史記曰陂山通道至莎車為南道南道西踰葱嶺則出大月氏安息之國也自車師前王庭隨北山陂河西行至疏勒為北道北道西踰葱嶺出大宛康居奄蔡焉耆出玉門經鄯善且末精絕三千餘里至拘彌

拘彌國居寧彌城去長史所居柳中四千九百里續漢書曰寧彌國王本名拘彌去洛

陽萬二千八百里領戶二千一百七十三口七千二百五十一勝兵千七百六十八順帝永建四年于寘王放前殺拘彌王興自立其子爲拘彌王而遣使者貢獻于漢敦煌太守徐由上求討之帝赦于寘罪令歸拘彌國放前不肯陽嘉元年徐由遣疏勒王臣槃發二萬人擊于寘破之斬首數百級放兵大掠更立興宗人成國爲拘彌王而還至靈帝熹平四年于寘王安國攻拘彌大破之殺其王死者甚眾戊己校尉西域長史各發兵輔立拘彌侍子定興爲王時人眾裁有千口其國西接于寘三百九十里

于寘國居西城去長史所居五千三百里去洛陽萬一千七百里領戶三萬二千口八萬三千勝兵三萬餘人建武末莎車王賢強盛攻并于寘徙其王俞林爲驪歸王明帝永平中于寘將休莫霸反莎車自立爲于寘王休莫霸死兄子廣德立後遂滅莎車其國

轉盛從精絕西北至疏勒十三國皆服從而鄯善王亦始彊盛自是南道自葱嶺㠯東唯此二國爲大順帝永建六年于寘王放前遣侍子詣闕貢獻元嘉元年長史趙評在于寘病癰死評子迎喪道經拘彌拘彌王成國與于寘王建素有隙乃語評子云于寘王令胡醫持毒藥著創中故致死耳評子信之還入塞㠯告敦煌太守馬達明年㠯王敬代爲長史達令敬隱覈其事敬先過拘彌成國復說云于寘國人欲㠯我爲王今可因此罪誅建于寘必服矣敬貪立功名且受成國之說前到于寘設供具請建而陰圖之或㠯敬謀告建建不信曰我無罪王長史何爲欲殺我旦日建從官屬數十人詣敬坐定建起行酒敬叱左右執之吏士竝無殺建意官屬悉得突走時成國主簿秦牧隨敬在會持刀出曰大事已定何爲復疑卽時斬建于寘侯將輸僰等遂會兵攻敬敬持建頭上

樓宣告曰天子使我誅建耳于窴侯將遂焚營舍燒殺吏士上樓斬敬懸首於市輸僰欲自立爲王國人殺之而立建子安國爲馬達聞之欲將諸郡兵出塞擊于窴桓帝不聽徵達還而以宋亮代爲敦煌太守亮到開募于窴令自斬輸僰時輸僰死已經月乃斷死人頭送敦煌而不言其狀亮後知其詐而竟不能出兵于窴恃此遂驕自于窴經皮山至西夜子合德若焉

西夜國一名漂沙去洛陽萬四千四百里戶二千五百口萬餘勝兵三千人地生白草有毒國人煎以爲藥傅箭鏃所中即死漢書中誤云西夜子合是一國今各自有王前書云西夜國王號子合號

子合國居呼犍谷犍音九言反去疏勒千里領戶三百五十口四千勝兵千人

德若國領戶百餘口六百七十勝兵三百五十人東去長史居三

千五百三十里去洛陽萬二千一百五十里與子合相接其俗皆同自皮山西南經烏秅前書音義音鷃拏又云烏音一加反秅音直加反急言之如鷃拏反涉懸度歷罽賓六十餘日行至烏弋山離國地方數千里時改名排持復西南馬行百餘日至條支

條支國城在山上周回四十餘里臨西海海水曲環其南及東北三面路絕唯西北隅通陸道土地暑溼出師子犀牛封牛孔雀大雀大雀其卵如甕轉北而東復馬行六十餘日至安息後役屬條支爲置大將監領諸小城焉

安息國居和櫝城去洛陽二萬五千里北與康居接南與烏弋山離接地方數千里小城數百戶口勝兵最爲殷盛其東界木鹿城號爲小安息去洛陽二萬里章帝章和元年遣使獻師子符拔符拔形似麟而無角和帝永元九年都護班超遣甘英使大秦抵條

支臨大海欲度而安息西界船人謂英曰海水廣大往來者逢善風三月乃得度若遇遲風亦有二歲者故入海人皆齎三歲糧海中善使人思土戀慕數有死亡者英聞之乃止十三年安息王滿屈復獻師子及條支大鳥時謂之安息雀自安息西行三千四百里至阿蠻國從阿蠻西行三千六百里至斯賓國從斯賓南行度河又西南至于羅國九百六十里安息西界極矣自此南乘海乃通大秦其土多海西珍奇異物焉

大秦國一名犂鞬以在海西亦云海西國地方數千里有四百餘城小國役屬者數十以石為城郭列置郵亭皆堊塈之塈飾也音許旣反郭璞爾雅注曰堊白土也音惡有松柏諸木百草人俗力田作多種樹蠶桑皆髡頭而衣文繡乘輜軿白蓋小車出入擊鼓建旌旗幡幟所居城邑周圜百餘里城中有五宮相去各十里宮室皆以水精為柱食器亦然其

王日游一宮聽事五日而後徧常使一人持囊隨王車人有言事者卽㠯書投囊中王至宮發省理其枉直各有官曹文書置三十六將皆會議國事其王無有常人皆簡立賢者國中灾異及風雨不時輒廢而更立受放者甘黜不怨其人民皆長大平正有類中國故謂之大秦土多金銀奇寶有夜光璧明月珠駭雞犀抱朴子曰通天犀有白理如綖者以盛米置羣雞中雞欲往啄米至輒驚卻故南人名爲駭雞珊瑚琥珀琉璃琅玕朱丹青碧刺金縷繡織成金縷罽雜色綾作黃金塗火浣布又有細布或言水羊毳野蠶繭所作也合會諸香煎其汁㠯爲蘇合凡外國諸珍異皆出焉㠯金銀爲錢銀錢十當金錢一與安息天竺交市於海中利有十倍其人質直市無二價穀食常賤國用富饒隣國使到其界首者乘驛詣王都至則給㠯金錢其王常欲通使於漢而安息欲㠯漢繒綵與之交市故遮閡不得自達閡五代反至桓帝延熹九年大秦王安

敦遣使自日南徼外獻象牙犀角瑇瑁始乃一通焉其所表貢竝無珍異疑傳者過焉或云其國西有弱水流沙近西王母所居處幾於日所入也漢書云從條支西行二百餘日近日所入則與今書異矣前世漢使皆自烏弋已還莫有至條支者又云從安息陸道繞海北行出海西至大秦人庶連屬十里一亭三十里一置置驛也終無盜賊寇警而道多猛虎獅子遮害行旅不百餘人齎兵器輒爲所食又言有飛橋數百里可度海北諸國所生奇異玉石諸物譎怪多不經故不記云魚豢魏略曰大秦國俗多奇幻口中出火自縛自解跳十二丸巧妙非常

大月氏國氏音支下竝同居藍氏城前書藍氏作監氏西接安息四十九日行東去長史所居六千五百三十七里去洛陽萬六千三百七十里戶十萬口四十萬勝兵十餘萬人初月氏爲匈奴所滅遂遷於大夏分其國爲休密雙靡貴霜肸頓都密凡五部翖侯後百餘歲貴霜翖侯

丘就卻攻滅四翖侯，自立爲王，國號貴霜王。侵安息，取高附地。又滅濮達、罽賓，悉有其國。丘就卻年八十餘死，子閻膏珍代爲王。復滅天竺，置將一人監領之。月氏自此之後，最爲富盛，諸國稱之皆曰貴霜王。漢本其故號，言大月氏云。

高附國在大月氏西南，亦大國也。其俗似天竺，而弱，易服。善賈販，內富於財。所屬無常，天竺、罽賓、安息三國強則得之，弱則失之，而未嘗屬月氏。漢書以爲五翖侯數，非其實也。後屬安息。及月氏破安息，始得高附。

天竺國一名身毒，在月氏之東南數千里。俗與月氏同，而卑溼暑熱。其國臨大水。乘象而戰。其人弱於月氏，修浮圖道，不殺伐，遂以成俗。（浮圖卽佛也）從月氏、高附國以西，南至西海，東至磐起國，皆身毒之地。身毒有別城數百，城置長。別國數十，國置王。雖各小異，而俱以身毒爲名其時皆屬月氏月氏殺其王而置將令統其人土出象犀瑇瑁金銀銅鐵鉛錫西與大秦通有大秦珍物又有細布好㲮㲪㲮音它闔反㲪音登埤蒼曰毛席也釋名曰施之承大牀前小榻上登以上牀也諸香石蜜胡椒薑黑鹽和帝時數遣使貢獻後西域反畔乃絕至桓帝延熹二年四年頻從日南徼外來獻世傳明帝夢見金人長大頂有光明以問羣臣或曰西方有神名曰佛其形長丈六尺而黃金色帝於是遣使天竺問佛道法遂於中國圖畫形像焉楚王英始信其術中國因此頗有奉其道者後桓帝好神數祀浮圖老子百姓稍有奉者後遂轉盛

東離國居沙奇城在天竺東南三千餘里大國也其土氣物類與天竺同列城數十皆稱王大月氏伐之遂臣服焉男女皆長八尺而怯弱乘象駱駝往來隣國有寇乘象以戰

粟弋國屬康居出名馬牛羊蒲萄衆果其土水美故蒲萄酒特有

名焉
嚴國在奄蔡北屬康居出鼠皮㠯輸之
奄蔡國改名阿蘭聊國居地城屬康居土氣溫和多楨松白草前書音義曰白草草之白者又云似莠而細熟時正白牛馬所食焉民俗衣服與康居同
莎車國西經蒲犂無雷至大月氏東去洛陽萬九百五十里匈奴單于因王莽之亂略有西域唯莎車王延最強不肯附屬元帝時嘗爲侍子長於京師慕樂中國亦復參其典法常勑諸子當世奉漢家不可負也天鳳五年延死謚忠武王子康代立光武初康率傍國拒匈奴擁衞故都護吏士妻子千餘口檄書河西問中國動靜自陳思慕漢家建武五年河西大將軍竇融乃承制立康爲漢莎車建功懷德王西域大都尉五十五國皆屬焉九年康死謚宣成王弟賢代立攻破拘彌西夜國皆殺其王而立其兄康兩子爲

拘彌西夜王十四年賢與鄯善王安竝遣使詣闕貢獻於是西域始通葱嶺㠯東諸國皆屬賢十七年賢復遣使奉獻請都護天子㠯問大司空竇融㠯爲賢父子兄弟相約事漢款誠又至宜加號位㠯鎮安之帝乃因其使賜賢西域都護印綬及車旗黄金錦繡敦煌太守裴遵上言夷狄不可假㠯大權又令諸國失望詔書收還都護印綬更賜賢㠯漢大將軍印綬其使不肯易遵迫奪之賢由是始恨而猶詐稱大都護移書諸國諸國悉服屬焉號賢爲單于賢浸㠯驕橫重求賦税數攻龜茲諸國諸國愁懼二十一年冬車師前王鄯善焉耆等十八國俱遣子入侍獻其珍寶及得見皆流涕稽首願得都護天子㠯中國初定北邊未服皆還其侍子厚賞賜之是時賢自負兵强欲并兼西域攻擊益甚諸國聞都護不出而侍子皆還大憂恐乃與敦煌太守檄願留侍子㠯示莎車言

侍子見留都護尋出冀且息其兵裴遵以狀聞天子許之二十二年賢知都護不至遂遺鄯善王安書令絕通漢道安不納而殺其使賢大怒發兵攻鄯善安迎戰兵敗亡入山中賢殺略千餘人而去其冬賢復攻殺龜茲王遂兼其國鄯善焉耆諸國侍子久留敦煌愁思皆亡歸鄯善王上書願復遣子入侍更請都護都護不出誠迫於匈奴天子報曰今使者大兵未能得出如諸國力不從心東西南北自在也於是鄯善車師復附匈奴而賢益橫嬀塞王自以國遠遂殺賢使者賢擊滅之立其國貴人駟鞬爲嬀塞王賢又自立其子則羅爲龜茲王賢以則羅年少乃分龜茲爲烏壘國徙駟鞬爲烏壘王又更以貴人爲嬀塞王數歲龜茲國人共殺則羅駟鞬而遣使匈奴更請立王匈奴立龜茲貴人身毒爲龜茲王龜茲由是屬匈奴賢以大宛貢稅減少自將諸國兵數萬人攻大宛

大宛王延留迎降賢因將還國徙拘彌王橋塞提爲大宛王而康居數攻之橋塞提在國歲餘亾歸賢復旵爲拘彌王而遣延留還大宛使貢獻如常賢又徙于窴王俞林爲驪歸王立其弟位侍爲于窴王歲餘賢疑諸國欲畔召位侍及拘彌姑墨子合王盡殺之不復置王但遣將鎮守其國位侍子戎亾降漢封爲守節侯莎車將君得在于窴暴虐百姓患之明帝永平三年其大人都末出城見野豕欲射之豕乃言曰無射我我乃爲汝殺君得都末因此卽與兄弟共殺君得而大人休莫霸復與漢人韓融等殺都末兄弟自立爲于窴王復與拘彌國人攻殺莎車將在皮山者引兵歸於是賢遣其太子國相將諸國兵二萬人擊休莫霸霸迎與戰莎車兵敗走殺萬餘人賢復發諸國數萬人自將擊休莫霸霸復破之斬殺過半賢脫身走歸國休莫霸進圍莎車中流矢死兵乃退于

寘國相蘇榆勒等共立休莫霸兄子廣德爲王匈奴與龜茲諸國共攻莎車不能下廣德承莎車之敝使弟輔國侯仁將兵攻賢賢連被兵革乃遣使與廣德和先是廣德父拘在莎車數歲於是賢歸其父而以女妻之結爲昆弟廣德引兵去明年莎車相且運等且音子余反下同患賢驕暴密謀反城降于寘反音番于寘王廣德乃將諸國兵三萬人攻莎車賢城守使使謂廣德曰我還汝父與汝婦汝來擊我何爲廣德曰王我婦父也久不相見願各從兩人會城外結盟賢以問且運且運曰廣德女壻至親宜出見之賢乃輕出廣德遂執賢而且運等因內于寘兵虜賢妻子而并其國鎖賢將歸歲餘殺之匈奴聞廣德滅莎車遣五將發焉耆尉黎龜茲十五國兵三萬餘人圍于寘廣德乞降以其太子爲質約歲給罽絮冬匈奴復遣兵將賢質子不居徵立爲莎車王廣德又攻殺之更立其弟齊

黎爲莎車王章帝元和三年時長史班超發諸國兵擊莎車大破之由是遂降漢事已具班超傳莎車東北至疏勒

疏勒國去長史所居五千里去洛陽萬三百里領戶二萬一千勝兵三萬餘人明帝永平十六年龜茲王建攻殺疏勒王成自以龜茲左侯兜題爲疏勒王冬漢遣軍司馬班超劫縛兜題而立成之兄子忠爲疏勒王忠後反畔超擊斬之事已具超傳安帝元初中疏勒王安國以舅臣磐有罪徙於月支月支王親愛之後安國死無子母持國政與國人共立臣磐同產弟子遺腹爲疏勒王臣磐聞之請月氏王曰安國無子種人微弱若立母氏我乃遺腹叔父也我當爲王月氏乃遣兵送還疏勒國人素敬愛臣磐又畏憚月氏即共奪遺腹印綬迎臣磐立爲王更以遺腹爲磐稾城侯後莎車連畔于寘屬疏勒疏勒以強故得與龜茲于寘爲敵國焉順帝

永建二年臣磐遣使奉獻帝拜臣磐爲漢大都尉兄子臣勳爲守國司馬五年臣磐遣侍子與大宛莎車使俱詣闕貢獻陽嘉二年臣磐復獻獅子封牛至靈帝建寧元年疏勒王與漢大都尉於獵中爲其季父和得所射殺和得自立爲王三年涼州刺史孟佗遣從事任涉將敦煌兵五百人與戊巳司馬曹寬西域長史張晏將焉耆龜茲車師前後部合三萬餘人討疏勒攻楨中城四十餘日不能下引去其後疏勒王連相殺害朝廷亦不能禁東北經尉頭溫宿姑墨龜茲至焉耆

焉耆國王居南河城北去長史所居八百里東去洛陽八千二百里戶萬五千口五萬二千勝兵二萬餘人其國四面有大山與龜茲相連道險阨易守有海水曲入四山之內周帀其城三十餘里永平末焉耆與龜茲共攻沒都護陳睦副校尉郭恂殺吏士二千

餘人至永元六年都護班超發諸國兵討焉耆危須尉黎山國遂斬焉耆尉黎二王首傳送京師縣蠻夷邸蠻夷皆置邸以居之若今鴻臚寺也超乃立焉耆左侯元孟爲王尉黎危須山國皆更立其王至安帝時西域背畔延光中超子勇爲西域長史復討定諸國元孟與尉黎危須不降永建二年勇與敦煌太守張朗擊破之元孟乃遣子詣闕貢獻

蒲類國居天山西疏榆谷東南去長史所居千二百九十里去洛陽萬四百九十里戶八百餘口二千餘勝兵七百餘人廬帳而居逐水草頗知田作有牛馬駱駝羊畜能作弓矢國出好馬蒲類本大國也前西域屬匈奴而其王得罪單于單于怒徙蒲類人六千餘口內之匈奴右部阿惡地因號曰阿惡國南去車師後部馬行九十餘日人口貧羸逃亾山谷間故畱爲國云

移支國居蒲類地戶千餘口三千餘勝兵千餘人其人勇猛敢戰

㠯寇鈔為事皆被髮隨畜逐水草不知田作所出皆與蒲類同

東且彌國東去長史所居八百里去洛陽九千二百五十里戶三千餘口五千餘勝兵二千餘人廬帳居逐水草頗田作其所出有亦與蒲類同所居無常

車師前王居交河城河水分流繞城故號交河去長史所居柳中八十里東去洛陽九千一百二十里領戶千五百餘口四千餘勝兵二千人

後王居務塗谷去長史所居五百里去洛陽九千六百二十里領戶四千餘口萬五千餘勝兵三千餘人前後部及東且彌卑陸蒲類移支是為車師六國北與匈奴接前部西通焉耆北道後部西通烏孫建武二十一年與鄯善焉耆遣子入侍光武遣還之乃附屬匈奴明帝永平十六年漢取伊吾盧通西域車師始復內屬匈

奴遣兵擊之復降北虜和帝永元二年大將軍竇憲破北匈奴車師震慴前後王各遣子奉貢入侍並賜印綬金帛八年戊己校尉索頵欲廢後部王涿鞮立破虜侯細致涿鞮忿前王尉卑大賣己因反擊尉卑大獲其妻子明年漢遣將兵長史王林發涼州六郡兵及羌虜胡二萬餘人以討涿鞮獲首虜千餘人涿鞮入北匈奴漢軍追擊斬之立涿鞮弟農奇為王至永寧元年後王軍就及母沙麻反畔殺後部司馬及敦煌行事司馬卽屬戊校尉所統也和帝時置戊己校尉鎮車師後部行事謂前行長史索班至安帝延光四年長史班勇擊軍就大破斬之順帝永建元年勇率後王農奇子加特奴及八滑等發精兵擊北虜呼衍王破之勇於是上立加特奴為後王八滑為後部親漢侯陽嘉三年夏車師後部司馬率加特奴等千五百人掩擊北匈奴於閶吾陸谷壞其廬落斬數百級獲單于母季母及婦女數百人季母叔母也牛羊十餘萬

頭車千餘兩兵器什物甚眾四年春北匈奴呼衍王率兵侵後部帝㠯車師六國接近北虜爲西域蔽扞乃令敦煌太守發諸國兵及玉門關候伊吾司馬合六千三百騎救之掩擊北虜於勒山漢軍不利秋呼衍王復將二千人攻後部破之桓帝元嘉元年呼衍王將三千餘騎寇伊吾伊吾司馬毛愷遣吏兵五百人於蒲類海東與呼衍王戰悉爲所沒呼衍王遂攻伊吾屯城夏遣敦煌太守司馬達將敦煌酒泉張掖屬國吏士四千餘人救之出塞至蒲類海呼衍王聞而引去漢軍無功而還永興元年車師後部王阿羅多與戊部候嚴皓不相得遂忿戾反畔攻圍漢屯田且固城殺傷吏士後部候炭遮領餘人畔阿羅多詣漢吏降阿羅多迫急將其母妻子從百餘騎亾走北匈奴中敦煌太守宋亮上立後部故王軍就質子卑君爲後部王後阿羅多復從匈奴中還與卑君爭國

頗收其國人戊校尉閻詳慮其招引北虜將亂西域乃開信告示許復爲王阿羅多乃詣詳降於是收奪所賜卑君印綬更立阿羅多爲王仍將卑君還敦煌以後部人三百帳別屬役之食其稅帳者猶中國之戶數也

論曰西域風土之載前古未聞也漢世張騫懷致遠之略前世張騫漢中人爲博望侯武帝時上言大夏及安息大宛之屬大國奇物誠得而以義屬之則地廣萬里帝從之班超奮封侯之志超少時家貧投筆歎曰丈夫當如傅介子張騫立功西域以取封侯安能久事筆硯乎語見超傳終能立功西遐羈服外域自兵威之所肅服財賂之所懷誘莫不獻方奇納愛質露頂肘行東向而朝天子故設戊己之官分任其事建都護之帥總領其權先馴則賞籯金而賜龜綬龜謂印文也漢舊儀曰銀印皆龜紐其文刻曰某官之章後服則繫頭顙而釁北闕立屯田於膏腴之野列郵置於要害之路馳命走驛不絕於時月商胡販客日款於塞下其後甘英乃抵條支而歷安息臨西海以望大秦拒玉門

陽關者四萬餘里靡不周盡焉若其境俗性智之優薄產載物類之區品川河嶺障之基源氣節涼暑之通隔梯山棧谷繩行沙度之道身熱首痛風災鬼難之域前書杜欽曰罽賓本漢所立殺漢使者今悔過來順使者送至懸度歷大頭痛小頭痛之山赤土身熱之阪臨崢嶸不測之深行者騎步相持繩索相引釋法顯游天竺記云西度流沙屢有熱風惡鬼過之必死葱嶺冬夏有雪有毒龍若犯之則風雨晦冥飛砂揚礫過此難者萬無一全也莫不備寫情形審求根實至於佛道神化興自身毒而二漢方志莫有稱焉張騫但著地多暑溼乘象而戰班勇雖列其奉浮圖不殺伐而精文善法導達之功靡所傳述余聞之後說也其國則殷乎中土玉燭和氣天竺國記云中天竺八般樂無戶籍耕王地者輸地利又其土和適無冬夏之異草木常茂種田無時節爾雅曰四時和謂之玉燭靈聖之所降集賢懿之所挺生本行經曰釋迦菩薩在兜率陁天爲諸天無量無邊諸衆說法又觀我今何處成道利益衆生乃觀見宜於南閻浮提生有大利益又云誰中與我爲父母者觀見宜於天竺剎利種迦毘羅城白淨王摩邪夫人可爲父母又云四生之中何生利益觀見同衆生胎生我若化生諸外道等卽誹謗我是幻術也爾時菩薩觀已示同諸天五衰相現命諸同侶波斯匿王等諸王中生皆作國王與我爲檀越命阿難及諸人等同生爲弟子命舍利弗等外道中生我成道時當受我化回邪入正又有無量衆生同隨菩薩於天竺受生多所利益也神迹詭怪則理絕人區維摩經曰以四大海水入一毛孔中不撓魚鼈等而彼大海本相如故又舍利弗住不思

議菩薩斷取三千大千國界如陶家輪著右掌中擲過恒河沙國界之外其中衆生不覺不知又復還本處都不使人有往來相感驗明顯則事出天外涅槃經曰阿闍王令醉象蹹佛佛以慈善根力舒其五指遂爲五師子見爾時醉象惶懼而退又五百羣賊劫奪人庶波斯匿王收捉剜其兩目棄入坑中爾時羣賊苦痛不已同時發聲念南無佛陁達摩佛以慈善根力雪山吹藥令入賊眼皆悉平復如本而騫超無閒者豈其道閒往運數開叔葉乎不然何誣異之甚也漢自楚英始盛齋戒之祀桓帝又修華蓋之飾將微意未譯而但神明之邪詳其清心釋累之訓空有兼遣之宗道書之流也清心謂忘思慮也釋累謂去貪欲也不執著爲空執著爲有兼遣謂不空不有虛實兩忘也維摩詰云我及涅槃此二皆空老子云常無欲觀其妙常有欲觀其徼故曰道書之流也且好仁惡殺蠲敝崇善所㠯賢達君子多愛其法焉然好大不經奇譎無已維摩經曰爾時毘邪離有長者子名曰寶積與五百長者子俱持七寶蓋來詣佛所頭面禮足各以其蓋共供養佛佛威神力令諸寶蓋合成一蓋徧覆三千大千國界諸須彌山乃至日月星宿并十方諸佛說法皆現於寶蓋中又維摩詰三萬二千師子坐高八萬四千由旬高廣嚴淨來入維摩方丈室包容無所妨礙又四大海水入毛孔須彌山入芥子等也雖鄒衍談天之辯莊周蝸角之論史記曰談天衍劉向別錄曰鄒衍之所言五德終始天地廣大其書言天事故曰談天莊子曰有國於蝸之左角者曰觸氏有國於蝸之右角者曰蠻氏相與爭地而戰伏尸數萬逐北旬有五日而後反郭璞注爾雅云蝸牛音瓜談天言大蝸角喻小也尚未足㠯槩其萬一又精靈起滅因報相尋若曉而昧者故通人

多感焉精靈起滅滅謂死輪囘無窮已因報相尋謂行有善惡各緣業報也蓋導俗無方適物異會取諸同歸

措夫疑說則大道通矣

贊曰逷矣西胡天之外區逷遠也音它狄反尚書曰逷矣西土之人土物琛麗人性淫虛不率

華禮莫有典書若微神道何恤何拘言無神道以制胡人則㐫猛之性何所憂懼何所拘忌也

西域傳第七十八

金陵書局倣汲古閣本刊

後漢書八十八

南匈奴列傳第七十九

前書直言匈奴傳不言南北今稱南者明其爲北生義也以南單于向化尤深故舉其順者以冠之東觀記稱匈奴南單于列傳范曄因去其單于二字

後漢書八十九

唐章懷太子賢注

南匈奴醯落尸逐鞮單于比者醯音火兮反呼韓邪單于之孫前書曰單于者廣大之貌也言其象天單于然也呼韓邪即冒頓單于八代孫虛閭權渠單于子也名稽侯狦狦音山諫反東觀記曰單于北匈奴頭曼十八代孫臣賢案頭曼即冒頓單于父自頭曼單于至比父子相承十代以單于相傳乃十八代也烏珠留若鞮單于之子也匈奴謂孝爲若鞮自呼韓邪單于降後與漢親密見漢帝謚常爲孝慕之至其子復株累單于以下皆稱若鞮南單于比以下直稱鞮也自呼韓邪後諸子以次立至比季父單于輿時以比爲右薁鞬日逐王部領南邊及烏桓薁音於六反鞬音九言反下並同建武初彭寵反畔於漁陽單于與共連兵因復權立盧芳使入居五原東觀記芳安定人屬國胡數千畔在參蠻芳從之詐姓劉氏自稱西平王會匈奴句林王將兵來降參蠻胡芳因隨入匈奴留數年單于以中國未定欲輔立之遣毋樓且王求入五原與假號將軍李興等結謀興北至單于庭迎芳芳外倚匈奴內因興等故能廣略邊郡光武初方平諸夏未遑外事遑暇也至六年始令歸德侯劉颯使匈奴匈奴亦遣使來獻漢復令中郎將韓統報命賂

遺金帛以通舊好舊好謂宣帝和帝之代與國和親而單于驕踞自比冒頓冒頓匈奴單于頭曼之子也卽夏后氏之苗裔也其先曰湻維自湻維至頭曼千有餘歲冒頓當始皇之時爲鳴鏑弑頭曼代立控弦三十餘萬强盛與諸夏爲敵國踞曼無禮窘厄高祖戲侮呂后事見前書對使者辭語悖慢前書更始二年冬遣中郎將歸德侯颯大司馬護軍陳遵使匈奴授單于漢制璽綬單于輿驕謂遵颯曰匈奴本與漢爲兄弟匈奴中亂孝宣帝輔立呼韓邪單于故稱臣以尊漢今漢亦大亂爲王莽篡位匈奴亦出擊莽空其邊境令天下騷動思漢莽卒以敗而漢復興亦我力也當復尊我遵與颯相當距單于終持此論語詞悖慢卽此類也帝待之如初初使命常通而匈奴數與盧芳共侵北邊九年遣大司馬吳漢等擊之經歲無功而匈奴轉盛鈔暴日增十三年遂寇河東州郡不能禁於是漸徙幽并邊人於常山關居庸關已東前書代郡有常山關上谷郡居庸縣有關匈奴左部遂復轉居塞內朝廷患之增緣邊兵郡數千人大築亭候修烽火匈奴聞漢購求盧芳貪得財帛乃遣芳還降望得其賞而芳以自歸爲功不稱匈奴所遣單于復恥言其計故賞遂不行由是大恨入寇尤深二十年遂至上黨扶風天水二十一年冬復寇上谷中山殺略鈔掠甚衆北邊無復寧歲言緣邊之郡無安寧之歲初單

于弟右谷蠡王伊屠知牙師（谷音鹿　蠡音離）以次當左賢王左賢王即是單于儲副單于欲傳其子遂殺知牙師知牙師者王昭君之子也昭君字嬙南郡人也（前書曰南郡秭歸人）初元帝時以良家子選入掖庭時呼韓邪來朝帝敕以宮女五人賜之昭君入宮數歲不得見御積悲怨乃請掖庭令求行呼韓邪臨辭大會帝召五女以示之昭君豐容靚飾光明漢宮顧景裴回竦動左右帝見大驚意欲留之而難於失信遂與匈奴生二子及呼韓邪死其前閼氏子代立欲妻之昭君上書求歸成帝勑令從胡俗遂復爲後單于閼氏焉比見知牙師被誅出怨言曰以兄弟言之右谷蠡王次當立以子言之我前單于長子我當立遂內懷猜懼庭會稀闊單于疑之乃遣兩骨都侯監領比所部兵二十二年單于輿死子左賢王烏達鞮侯立爲單于復死弟左賢王蒲奴立爲單于比不得立既懷憤恨而匈奴

中連年旱蝗赤地數千里草木盡枯人畜飢疫死耗太半三分損二為太半單于畏漢乘其敝乃遣使詣漁陽求和親於是遣中郎將李茂報命而比密遣漢人郭衡奉匈奴地圖二十三年詣西河太守求內附兩骨都侯頗覺其意會五月龍祠前書曰匈奴法歲正月諸長小會單于庭祠五月大會龍城祭其先天地鬼神八月大會蹛林課校人畜計蹛音帶又音多因白單于言薁鞬日逐夙來欲為不善若不誅且亂國時比弟漸將王在單于帳下聞之馳以報比比懼遂斂所主南邊八郡眾四五萬人待兩骨都侯還欲殺之骨都侯且到知其謀皆輕騎亡去以告單于單于遣萬騎擊之見比眾盛不敢進而還二十四年春八部大人共議立比為呼韓邪單于以其大父嘗依漢得安故欲襲其號於是款五原塞願永為藩蔽扞禦北虜帝用五官中郎將耿國議乃許之其冬比自立為呼韓邪單于東觀記曰十二月癸丑匈奴始分為南北單于二十五年春遣弟左賢王莫將兵萬餘人擊北單于弟薁

鞬左賢王生獲之又破北單于帳下并得其衆合萬餘人馬七千匹牛羊萬頭北單于震怖卻地千里初帝造戰車可駕數牛上作樓櫓置於塞上以拒匈奴（櫓卽樓也釋名曰樓無屋爲櫓也）時人見者或相謂曰讖言漢九世當卻北狄地千里豈謂此邪及是果拓地焉北部薁鞬骨都侯與右骨都侯率衆三萬餘人來歸南單于南單于復遣使詣闕奉藩稱臣獻國珍寶求使者監護遣侍子修舊約二十六年遣中郎將段郴（丑吟反）副校尉王郁使南單于立其庭去五原西部塞八十里單于乃延迎使者使者曰單于當伏拜受詔單于顧望有頃乃伏稱臣拜訖令譯曉使者曰單于新立誠慙於左右願使者衆中無相屈折也骨都侯等見皆泣下郴等反命詔乃聽南單于入居雲中遣使上書獻駱駝二頭文馬十匹（杜預注文馬畫馬爲文也）夏南單于所獲北虜薁鞬左賢王將其衆及南部五骨都侯合三萬餘人畔歸去北

庭三百餘里共立薁鞬左賢王爲單于月餘日更相攻擊五骨都侯皆死左賢王遂自殺諸骨都侯子各擁兵自守秋南單于遣子入侍奉奏詣闕詔賜單于冠帶衣裳黃金璽盭緺綬盭音戾草名以戾草染綬因以爲名則漢諸侯王制戾綠色緺古蛙反說文曰紫青色也安車羽蓋華藻駕駟寶劍弓箭黑節三駙馬二黃金錦繡繒布萬匹絮萬斤樂器鼓車棨戟甲兵飲食什器有衣之戟曰棨又轉河東米糒二萬五千斛牛羊三萬六千頭以贍給之令中郎將置安集掾史將弛刑五十人持兵弩隨單于所處參辭訟察動靜單于歲盡輒遣奉奏送侍子入朝中郎將從事一人將領詣闕漢遣謁者送前侍子還單于庭交會道路元正朝賀拜祠陵廟畢漢乃遣單于使令謁者將送賜綵繒千匹錦四端金十斤太官御食醬及橙橘龍眼荔枝賜單于母及諸閼氏單于子及左右賢王左右谷蠡王骨都侯有功善者繒綵合萬匹歲以爲常匈奴俗歲

有三龍祠常以正月五月九月戊日祭天神南單于既內附兼祠漢帝因會諸部議國事走馬及駱駝爲樂其大臣貴者左賢王次左谷蠡王次右賢王次右谷蠡王謂之四角次左右日逐王次左右溫禺鞮王次左右斬將王是爲六角皆單于子弟次第當爲單于者也異姓大臣左右骨都侯次左右尸逐骨都侯其餘日逐且渠當戶諸官號各以權力優劣部衆多少爲高下次第焉單于姓虛連題前書單于姓攣鞮氏其國稱之曰撐犁孤屠匈奴謂天爲撐犁謂子爲孤屠與此不同異姓有呼衍氏須卜氏丘林氏蘭氏冒頓單于時大姓有呼衍氏蘭氏須卜氏三姓貴種也四姓爲國中名族常與單于婚姻呼衍氏爲左蘭氏須卜氏爲右主斷獄聽訟當決輕重口白單于無文書簿領焉冬前畔五骨都侯子復將其衆三千人歸南部北單于使騎追擊悉獲其衆南單于遣兵拒之逆戰不利於是復詔單于徙居西河美稷因使中郎將段郴及副校尉王郁留西河擁護之

爲設官府從事掾史令西河長史歲將騎二千弛刑五百人助中郎將衛護單于冬屯夏罷自後以爲常及悉復緣邊八郡南單于既居西河亦列置諸部王助爲扞戍使韓氏骨都侯屯北地右賢王屯朔方當于骨都侯屯五原呼衍骨都侯屯雲中郎氏骨都侯屯定襄左南將軍屯鴈門栗籍骨都侯屯代郡皆領部衆爲郡縣偵羅耳目偵音丑政反羅音力賀反猶今言探候偵羅也北單于惶恐頗還所略漢人以示善意鈔兵每到南部下還過亭候輒謝曰自擊亡虜薁鞬日逐耳非敢犯漢人也二十七年北單于遂遣使詣武威求和親天子召公卿廷議不決皇太子言曰南單于新附北虜懼於見伐故傾耳而聽爭欲歸義耳今未能出兵而反交通北虜臣恐南單于將有二心北虜降者且不復來矣帝然之告武威太守勿受其使二十八年北匈奴復遣使詣闕貢馬及裘更乞和親幷請音樂又求率西域

諸國胡客與俱獻見帝下三府議酬答之宜司徒掾班彪奏曰臣聞孝宣皇帝勅邊守尉曰匈奴大國多變詐交接得其情則卻敵折衝應對入其數則反爲輕欺今北匈奴見南單于來附懼謀其國故數乞和親又遠驅牛馬與漢合市重遣名王多所貢獻斯皆外示富强以相欺誕也臣見其獻益重知其國益虛歸親愈數爲懼愈多然今既未獲助南則亦不宜絕北羈縻之義禮無不答謂可頗加賞賜略與所獻相當明加曉告以前世呼韓邪郅支行事呼韓單于稱臣受賞郅支單于背德被誅以此二者行事曉告之也郅支即呼韓兄名呼屠吾斯自立爲單于擊走呼韓邪單于者也報答之辭令必有適適猶所也言報答之辭必令得所也今立稾草并上曰單于不忘漢恩追念先祖舊約欲修和親以輔身安國計議甚高爲單于嘉之往者匈奴數有乖亂呼韓郅支自相讎隙竝蒙孝宣皇帝垂恩救護故各遣侍子稱藩保塞其後郅支忿戾自絕皇澤而呼韓附親忠孝彌著及漢滅郅

支元帝時郅支坐殺使者谷吉都護甘延壽與副陳湯發西域兵誅斬之遂保國傳嗣子孫相繼今南單于攜衆向南款塞歸命自以呼韓嫡長次第當立而侵奪失職猜疑相背數請兵將歸埽北庭策謀紛紜無所不至惟念斯言不可獨聽又以北單于比年貢獻欲修和親故拒而未許將以成單于忠孝之義漢秉威信總率萬國日月所照皆爲臣妾殊俗百蠻義無親疏服順者褒賞畔逆者誅罰善惡之効呼韓郅支是也今單于欲修和親款誠已達何嫌而欲率西域諸國俱來獻見西域國屬匈奴與屬漢何異單于數連兵亂國內虛耗貢物裁以通禮何必獻馬裘今齎雜繒五百匹弓鞬韥丸一矢四發遣遺單于鞬音居言反方言云藏弓爲鞬藏箭爲韥丸即箭箙也發四矢曰發見儀禮也又賜獻馬左骨都侯右谷蠡王雜繒各四百匹斬馬劒各一尚方少府屬官作供御器物故有斬馬劒言劒利可以斬馬單于前言先帝時所賜呼韓邪竽瑟空侯皆敗願復裁賜言更請裁賜也念單于國尚未安方厲武節以戰攻爲務

竽瑟之用不如良弓利劍故未以齎言不齎持往遺也朕不愛小物於單于便宜所欲遣驛以聞帝悉納從之二十九年賜南單于羊數萬頭三十一年北匈奴復遣使如前乃璽書報答賜以綵繒不遣使者單于比立九年薨中郎將段郴將兵赴弔祭以酒米分兵衞護之比弟左賢王莫立帝遣使者齎璽書鎭慰拜授璽綬遺冠幘絳單衣三襲童子佩刀緄帶各一童子刀謂小刀也說文曰緄織成帶也音古本反又賜繒綵四千匹令賞賜諸王骨都侯已下其後單于薨弔祭慰賜以此爲常弔祭其薨者慰其新立者丘浮尤鞮單于莫中元元年立一年薨弟汗立伊伐于慮鞮單于汗中元二年立永平二年北匈奴護于丘率衆千餘人來降南部單于汗立二年薨單于比之子適立醢僮尸逐侯鞮單于適永平二年立五年冬北匈奴六七千騎入於五原塞遂寇雲中至原陽南單于擊卻之原陽縣名屬雲中郡西河長史馬襄赴救虜乃引去單于適

立四年薨單于莫子蘇立是爲丘除車林鞮單于數月復薨單于適之弟長立胡邪尸逐侯鞮單于長永平六年立時北匈奴猶盛數寇邊朝廷吕爲憂會北單于欲合帀遣使求和親顯宗冀其交通不復爲寇乃許之八年遣越騎司馬鄭衆北使報命而南部須卜骨都侯等知漢與北虜交使懷嫌怨欲畔密因北使令遣兵迎之鄭衆出塞疑有異伺候果得須卜使人乃上言宜更置大將吕防二虜交通由是始置度遼營吕中郎將吳棠行度遼將軍事副校尉來苗左校尉閻章右校尉張國將黎陽虎牙營士屯五原曼柏漢官儀曰光武以幽冀并州兵克定天下故於黎陽立營以謁者監領兵騎千人又遣騎都尉秦彭將兵屯美稷其年秋北虜果遣二千騎候望朔方作馬革船欲度迎南部畔者吕漢有備乃引去復數寇鈔邊郡焚燒城邑殺略甚衆河西城門晝閉帝患之十六年乃大發緣邊兵遣諸將四道出塞北征匈奴南

單于遣左賢王信隨太僕祭肜及吳棠出朔方高闕攻皋林溫禺犢王於涿邪山虜聞漢兵來悉度漠去肜棠坐不至涿邪山免以騎都尉來苗行度遼將軍其年北匈奴入雲中遂至漁陽太守廉范擊卻之詔遣使者高弘發三郡兵追之無所得建初元年來苗遷濟陰太守以征西大將軍耿秉行度遼將軍時皋林溫禺犢王復將眾還居涿邪山南單于聞知遣輕騎與緣邊郡及烏桓兵出塞擊之斬首數百級降者三四千人其年南部苦蝗大飢肅宗稟給其貧人三萬餘口七年耿秉遷執金吾以張掖太守鄧鴻行度遼將軍八年北匈奴三木樓訾大人稽留斯等率三萬八千人馬二萬匹牛羊十餘萬款五原塞降元和元年武威太守孟雲上言北單于復願與吏人合市詔書聽雲遣驛使迎呼慰納之北單于乃遣大且渠伊莫訾王等且音子余反下並同驅牛馬萬餘頭來與漢賈客交

易諸王大人或前至所在郡縣爲設官邸賞賜待遇之南單于聞乃遣輕騎出上郡遮略生口鈔掠牛馬驅還入塞二年正月北匈奴大人車利涿兵等亾來入塞凡七十三輩時北虜衰耗黨衆離畔南部攻其前丁零寇其後鮮卑擊其左西域侵其右不復自立乃遠引而去單于長立二十三年薨單于汗之子宣立伊屠於閭鞮單于宣元和二年立其歲單于遣兵千餘人獵至涿邪山卒與北虜溫禺犢王遇卒音七忽反因戰獲其首級而還冬孟雲上言北虜已前既和親而南部復往鈔掠北單于謂漢欺之謀欲犯塞謂宜還南所掠生口已慰安其意肅宗從太僕袁安議許之乃下詔曰昔玁狁獯粥之敵中國其所由來尚矣周曰玁狁堯曰獯粥秦曰匈奴往者雖有和親之名終無絲髮之効墝埆之人屢嬰塗炭墝埆謂險要之地荼苦也墝音苦交反埆音苦角反父戰於前子死於後弱女乘於亭障孤兒號於道路老母寡妻設虛祭飲

泣淚想望歸魂於沙漠之表，豈不哀哉（父戰於前已下，前書賈捐之之辭，詔增損用之也）。傳曰江海所以能長百川者，以其下之也（老子曰：江海所以能爲百谷王者，以其善下也）。少加屈下，尚何足病。況今與匈奴君臣分定，辭順約明，貢獻累至，豈宜違信，自受其曲。其勑度遼及領中郎將龐奮倍雇南部所得生口，以還北虜（雇，賞報也）。其南部斬首獲生，計功受賞如常科。」於是南單于復令薁鞬日逐王師子將輕騎數千出塞掩擊北虜，復斬獲千人。北虜衆以南部爲漢所厚，又聞取降者歲數千人。章和元年，鮮卑入左地擊北匈奴，大破之，斬優留單于，取其匈奴皮而還。北庭大亂，屈蘭儲卑胡都須等五十八部，口二十萬，勝兵八千人，詣雲中、五原、朔方、北地降。單于宣立三年薨，單于長之弟屯屠何立。休蘭尸逐侯鞮單于屯屠何，章和二年立。時北虜大亂，加以飢蝗，降者前後而至。南單于將并北庭，會肅宗崩，竇太后臨朝。其年七月，單于上言：「臣累世蒙恩不可勝數孝章皇帝聖思遠慮遂欲見成就故令烏桓鮮卑討北虜斬單于首級破壞其國今所新降虛渠等詣臣自言去歲三月中發虜庭北單于創刈南兵又畏丁令鮮卑令音零遯逃遠去依安侯河西今年正月骨都侯等復共立單于異母兄右賢王為單于其人已兄弟爭立竝各離散臣與諸王骨都侯及新降渠帥雜議方略皆曰宜及北虜分爭出兵討伐破北成南并為一國令漢家長無北念又今月八日新降右須日逐鮮堂輕從虜庭遠來詣臣言北虜諸部多欲內顧但恥自發遣故未有至者若出兵奔擊必有響應今年不往恐復并壹臣伏念先父歸漢已來被蒙覆載嚴塞明候大兵擁護積四十年臣等生長漢地開口仰食歲時賞賜動輒億萬雖垂拱安枕慙無報効之義願發國中及諸部故胡新降精兵遣左谷蠡王師子左呼衍日逐王須訾將萬騎出朔

方左賢王安國右大且渠王交勒蘇將萬騎出居延期十二月同會虜地臣將餘兵萬人屯五原朔方塞㠯爲拒守臣素愚淺又兵衆單少不足㠯防內外願遣執金吾耿秉度遼將軍鄧鴻及西河雲中五原朔方上郡太守并力而北令北地安定太守各屯要害兾因聖帝威神一舉平定臣國成敗要在今年已勑諸部嚴兵馬訖九月龍祠悉集河上唯陛下裁哀省察太后㠯示耿秉秉上言昔武帝單極天下欲臣虜匈奴未遇天時事遂無成宣帝之世會呼韓來降故邊人獲安中外爲一生人休息六十餘年及王莽篡位變更其號漢賜單于印文曰匈奴單于璽無漢字王莽改曰新匈奴單于章秏擾不止單于乃畔光武受命復懷納之緣邊壞郡得㠯還復烏桓鮮卑咸脅歸義威鎮西夷其效如此今幸遭天授北虜分爭㠯夷伐夷國家之利宜可聽許秉因自陳受恩分當出命效用太后從之永元元年㠯秉爲征西

將軍與車騎將軍竇憲率騎八千與度遼兵及南單于衆三萬騎出朔方擊北虜大破之北單于奔走首虜二十餘萬人事已具竇憲傳二年春鄧鴻遷大鴻臚以定襄太守皇甫棱行度遼將軍南單于復上求滅北庭於是遣左谷蠡王師子等將左右部八千騎出雞鹿塞塞在朔方郡窳渾縣北窳音愈中郎將耿譚遣從事將護之至涿邪山乃留輜重分爲二部各引輕兵兩道襲之左部北過西海至河雲北河雲匈奴中地名右部從匈奴河水西繞天山南度甘微河二軍俱會夜圍北單于大驚率精兵千餘人合戰單于被創墯馬復上將輕騎數十遯走僅而免脫得其玉璽獲閼氏及男女五人斬首八千級生虜數千口而還是時南部連剋獲納降黨衆最盛領戸三萬四千口二十三萬七千三百勝兵五萬一百七十故從事中郎將置從事二人耿譚以新降者多上增從事十二人三年北單于復爲右校

尉耿夔所破逃亾不知所在其弟右谷蠡王於除鞬自立爲單于將右溫禺鞬王骨都侯巳下衆數千人止蒲類海遣使款塞大將軍竇憲上書立於除鞬爲北單于朝廷從之遣耿夔即授璽綬賜玉劒四具羽蓋一駟使中郎將任尚持節衞護屯伊吾如南單于故事方欲輔歸北庭會竇憲被誅五年於除鞬自畔還北帝遣將兵長史王輔㠯千餘騎與任尚共追誘將還斬之破滅其衆單于屯屠何立六年薨單于宣弟安國立單于安國永元五年立安國初爲左賢王而無稱譽左谷蠡王師子素勇黠多知前單于宣及屯屠何皆愛其氣決故數遣將兵出塞掩擊北庭還受賞賜天子亦加殊異是㠯國中盡敬師子而不附安國由是疾師子欲殺之其諸新降胡初在塞外數爲師子所驅掠皆多怨之安國因是委計降者與同謀議安國既立爲單于師子㠯次轉爲左賢王覺單

于與新降者有謀乃別居五原界單于每龍會議事師子輒稱病不往皇甫棱知之亦擁護不遣單于懷憤益甚六年春皇甫棱免㠯執金吾朱徽行度遼將軍時單于與中郎將杜崇不相平乃上書告崇崇諷西河太守令斷單于章無由自聞而崇因與朱徽上言南單于安國疎遠故胡親近新降欲殺左賢王師子及左臺且渠劉利等又右部降者謀共迫脅安國起兵背畔請西河上郡安定爲之儆備和帝下公卿議皆㠯爲蠻夷反覆雖難測知然大兵聚會必未敢動搖今宜遣有方略使者之單于庭與杜崇朱徽及西河太守并力觀其動靜如無它變可令崇等就安國會其左右大臣責其部衆橫暴爲邊害者共平罪誅若不從命令爲權時方略事畢之後裁行客賜言以主客之禮裁量賜物不多與也亦足㠯威示百蠻帝從之於是徽崇遂發兵造其庭安國夜聞漢軍至大驚棄帳而去因舉兵

及將新降者欲誅師子師子先知乃悉將廬落入曼柏城安國追到城下門閉不得入朱徽遣吏曉譬和之安國不聽城既不下乃引兵屯五原崇徽因發諸郡騎追赴之急衆皆大恐安國舅骨都侯喜爲等慮并被誅乃格殺安國安國立一年單于適之子師子立亭獨尸逐侯鞮單于師子永元六年立降胡五六百人夜襲師子安集掾王恬將衞護士與戰破之於是新降胡遂相驚動十五部二十餘萬人皆反脅立前單于屯屠何子右薁鞬日逐王逢侯爲單于遂殺略吏人燔燒郵亭廬帳將車重向朔方欲度漠北於是遣行車騎將軍鄧鴻越騎校尉馮柱行度遼將軍朱徽將左右羽林北軍五校士及郡國積射緣邊兵漢有迹射士言尋迹而射之積亦與迹同古字通也烏桓校尉任尚將烏桓鮮卑合四萬人討之時南單于及中郎將杜崇屯牧師城逢侯將萬餘騎攻圍之未下冬鄧鴻等至美稷逢侯乃

乘冰度隘向滿夷谷南單于遣子將萬騎及杜崇所領四千騎與鄧鴻等追擊逢侯於大城塞斬首三千餘級得生口及降者萬餘人馮柱復分兵追擊其別部斬首四千餘級任尚率鮮卑大都護蘇拔廆胡罪反烏桓大人勿柯八千騎要擊逢侯於滿夷谷復大破之前後凡斬萬七千餘級逢侯遂率衆出塞漢兵不能追七年正月軍還馮柱將虎牙營留屯五原罷遣鮮卑烏桓羌胡兵封蘇拔廆爲率衆王又賜金帛鄧鴻還京師坐逗留失利下獄死按軍法逗留畏懦者斬逗音豆後帝知朱徽杜崇失胡和又禁其上書以致反畔皆徵下獄死以雁門太守龐奮行度遼將軍逢侯於塞外分爲二部自領右部屯涿邪山下左部屯朔方西北相去數百里八年冬左部胡自相疑畔還入朔方塞龐奮迎受慰納之其勝兵四千人弱小萬餘口悉降以分處北邊諸郡南單于以其右溫禺犢王烏居戰溫禺犢王名烏居戰始

與安國同謀欲考問之烏居戰將數千人遂復反畔出塞外山谷間爲吏民害秋龐奮馮柱與諸郡兵擊烏居戰其衆降於是徙烏居戰衆及諸還降者二萬餘人於安定北地馮柱還遷將作大匠逢侯部衆飢窮又爲鮮卑所擊無所歸竄逃入塞者駱驛不絕單于師子立四年薨單于長之子檀立萬氏尸逐鞮單于檀永元十年立十二年龐奮遷河南尹以朔方太守王彪行度遼將軍南單于比歲遣兵擊逢侯多所虜獲收還生口前後以千數逢侯轉困迫十六年北單于遣使詣闕貢獻願和親修呼韓邪故約和帝以其舊禮不備未許之而厚加賞賜不答其使元興元年重遣使詣敦煌貢獻辭以國貧未能備禮願請大使當遣子入侍天子降大使至國即遣子隨大使入侍時鄧太后臨朝亦不答其使但加賜而已永初三年安帝即位之二年也夏漢人韓琮隨南單于入朝既還說南單于云關東水潦人民飢餓

死盡可擊也單于信其言遂起兵反畔攻中郎將耿种於美稷秋王彪卒冬遣行車騎將軍何熙副中郎龎雄擊之四年春檀遣千餘騎寇常山中山㠯西域校尉梁慬行度遼將軍慬音勤與遼東太守耿夔擊破之事已具慬夔傳單于見諸軍竝進大恐怖顧讓韓琮曰汝言漢人死盡今是何等人也顧反也讓責也反顧責韓琮也乃遣使乞降許之單于脫帽徒跣對龎雄等拜陳道死辠於是赦之遇待如初乃還所鈔漢民男女及羌所略轉賣入匈奴中者合萬餘人南單于檀信韓琮之言起兵反既被擊敗陳謝死辠還所鈔之男女五年梁慬免㠯雲中太守耿夔行度遼將軍元初元年安帝永初六年改爲元初元年夔免㠯烏桓校尉鄧遵爲度遼將軍遵皇太后之從弟故始爲眞將軍焉自置度遼將軍以來皆權行其事今始以鄧遵爲正度遼將軍此後更無行者也四年逢侯爲鮮卑所破部衆分散皆歸北虜五年春逢侯將百餘騎亾還詣朔方塞降鄧遵奏徙逢侯於潁川郡逢侯本是前單于屯屠何子右薁鞬日逐王諸降胡萬餘人脅立爲單于旣被鮮卑所破部衆分散若留在匈

奴或恐更相招引故徙於潁川郡也建元元年安帝元初七年改爲永寧元年永寧二年改爲建元元年鄧遵免復以耿夔代爲度遼將軍時鮮卑寇邊夔與溫禺犢王呼尤徽將新降者連年出塞討擊鮮卑還復各令屯列衝要還使新降者屯列衝要而耿夔徵發煩劇新降者皆恐恨謀畔單于檀立二十七年薨弟拔立耿夔復免以太原太守法度代爲將軍烏稽侯尸逐鞮單于拔延光三年立夏新降一部大人阿族等遂反畔脅呼尤徽欲與俱去呼尤徽曰我老矣受漢家恩寧死不能相隨衆欲殺之有救者得免阿族等遂將妻子輜重亡去中郎將馬翼遣兵與胡騎追擊破之斬首及自投河死者殆盡殆近也欲死盡所餘無幾獲馬牛羊萬餘頭冬法度卒四年漢陽太守傅衆代爲將軍其冬傳衆復卒永建元年順帝即位之年以遼東太守龐參代爲將軍先是朔方以西障塞多不修復鮮卑因此數寇南部殺漸將王匈奴有左右漸將王單于憂恐上言求復障塞順帝從之乃遣黎陽營兵

出屯中山北界黎陽先置營兵以南單于求復障塞恐入侵擾亂置屯兵於中山北界舊中山郡今之定州是也定州者則在河北也增置緣邊諸郡兵列屯塞下教習戰射單于拔立四年薨弟休利立去特若尸逐就單于休利永建三年立四年麗參遷大鴻臚以東平相宋漢代為度遼將軍陽嘉二年漢遷太僕以烏桓校尉耿曄代為度遼將軍永和元年陽嘉五年改為永和元年曄病徵以護羌校尉馬續代為度遼將軍五年夏南匈奴左部句龍王吾斯車紐等背畔率三千餘騎寇西河因復招誘右賢王合七八千騎圍美稷殺朔方代郡長史馬續與中郎將梁竝烏桓校尉王元發緣邊兵及烏桓鮮卑羌胡合二萬餘人掩擊破之吾斯等遂更屯聚攻沒城邑天子遣使責讓單于開以恩義令相招降單于本不豫謀乃脫帽避帳詣竝謝辠竝以病徵五原太守陳龜代為中郎將龜以單于不能制下吾斯等攻沒城邑單于雖不預謀殺然不能制下卽是不堪其任逼迫之單于及其弟左賢王皆自殺單于休利

立十三年寵又欲徙單于近親於內郡而降者遂更狐疑寵坐下獄死陳寵逼迫單于及弟皆令自殺又欲徙其親近者遂致狐疑此則陳寵之由也大將軍梁商以羌胡新反黨衆初合難以兵服宜用招降乃上表曰匈奴寇畔自知罪極窮鳥困獸皆知救死況種類繁熾不可單盡單亦盡也猶書云謀謨孔安國曰謨亦謀也卽是古書之重語今轉運日增三軍疲苦虛內給外非中國之利竊見度遼將軍馬續素有謀謨且典邊日久深曉兵要每得續書與臣策合宜令續深溝高壁以恩信招降宣示購賞明其期約如此則醜類可服醜等也言等類可服也國家無事矣帝從之乃詔續招降畔虜商又移書續等曰中國安寧忘戰日久良騎野合交鋒接矢決勝當時戎狄之所長而中國之所短也強弩乘城堅營固守以待其衰中國之所長也而戎狄之所短也若夫平原易地輕車突騎則匈奴之衆易撓亂也勁弩長戟射疏及遠則匈奴之弓不能格也堅甲利刃長短相雜游弩往來什伍俱前匈奴之兵不能當也材官騶發矢道同的則匈奴之革笥木薦不能支也下馬地鬬劒戟相接去就相薄則匈奴之足不能給也此中國之長技也以此觀之匈奴之長技三國中之長技五並具朝錯三章之兵體因梁商論其長短故備

錄之此乃兵家之要）宜務先所長吕觀其變設購開賞宣示反悔勿貪小功吕亂大謀續及諸郡並各遵行於是右賢王部抑鞮等萬三千口詣續降秋句龍吾斯等立句龍王車紐爲單于東引烏桓西收羌戎及諸胡等數萬人攻破京兆虎牙營（虎牙營卽京兆虎牙都尉也西羌傳云置虎牙都尉於長安扶風都尉於雍漢官儀曰涼州近羌數犯三輔京兆虎牙扶風都尉將兵衛護園陵也）殺上郡都尉及軍司馬遂寇掠并涼幽冀四州乃徙西河治離石（離石卽西河之屬縣也）上郡治夏陽朔方治五原（移朔方就五原郡）冬遣中郎將張耽將幽州烏桓諸郡營兵擊畔虜車紐等戰於馬邑斬首三千級獲生口及兵器牛羊甚衆車紐等將諸豪帥骨都侯乞降而吾斯猶率其部曲與烏桓寇鈔六年春馬續率鮮卑五千騎到穀城擊之斬首數百級張耽性勇銳而善撫士卒軍中皆爲用命遂繩索相懸上通天山大破烏桓悉斬其渠帥還得漢民獲其畜生財物夏馬續復免吕城門校尉吳武代爲將軍漢安元年

順帝永和七年改爲漢安元年也秋吾斯與薁鞬臺耆且渠伯德等復掠并部薁鞬或作薁鞬前書兩字通今依前書不改也呼蘭若尸逐就單于兜樓儲先在京師漢安二年立之天子臨軒大鴻臚持節拜授璽綬引上殿賜青蓋駕駟鼓車安車駙馬騎玉具刀劍什物玉具摽首鐔衛盡用玉爲之給綵布二千匹賜單于閼氏以下金錦錯雜具軿車馬二乘遣行中郎將持節護送單于歸南庭詔太常大鴻臚與諸國侍子於廣陽城門外廣陽洛陽城西面南頭門祖會饗賜作樂角抵百戲角抵之戲則魚龍爵馬之屬言兩兩相當角力而爲抵對卽今之鬭用古之角抵也順帝幸胡桃宮臨觀之冬中郎將馬寔募刺殺句龍吾斯送首洛陽建康元年漢安三年改爲建康元年進擊餘黨斬首千二百級烏桓七十萬餘口皆詣寔降車重牛羊不可勝數單于兜樓儲立五年薨伊陵尸逐就單于居車兒建和元年立桓帝卽位之年至永壽元年桓帝永興三年改爲永壽元年匈奴左薁鞬臺耆且渠伯德等復畔寇鈔美稷安定屬國都尉張奐擊破降之事已具奐傳延熹元

後漢八十九　十五

年（桓帝之年）南單于諸部竝畔，遂與烏桓鮮卑寇緣邊九郡，以張奐爲北中郎將討之，單于諸部悉降。奐以單于不能統理國事，乃拘之，上立左谷蠡王（張奐上書請立左谷蠡王爲單于也）。桓帝詔曰：「春秋大居正（春秋法五始之要，故經曰元年春王正月，言王者卽位之年，宜大開恩宥。其居車兒卽是桓帝卽位之建和元年立，自立以來一心向化，宜寬宥之），居車兒一心向化，何罪而黜！其遣還。」單于居車兒立二十五年薨，子某立（凡言某者，史失其名，故稱某以記之。夷狄無字，既無典誥，故某者卽是其名）。屠特若尸逐就單于某，熹平元年立（熹平，靈帝之元年）。六年，單于與中郎將臧旻出鴈門擊鮮卑檀石槐，大敗而還。是歲，單于薨，子呼徵立。單于呼徵，光和元年（靈帝熹平七年改爲光和元年）立。二年，中郎將張修與單于不相能，修擅斬之，更立右賢王羌渠爲單于。修以不先請而擅誅殺，檻車徵詣廷尉抵罪（前書注曰：抵，至也。殺人者死，張修擅斬單于呼徵，故至其罪也）。單于羌渠，光和二年立。中平四年（靈帝光和七年改爲中平），前中山太守張純反畔，遂率鮮卑寇邊郡。靈帝詔發南匈奴兵配幽州牧劉虞討之，單于遣左賢王將騎詣幽州。國人恐單于發兵無已五年右部醯落與休著各胡白馬銅等十餘萬人反攻殺單于單于羌渠立十年子右賢王於扶羅立於扶羅即是前趙劉元海之祖也其元海爲亂晉之首持至尸逐侯單于於扶羅中平五年立國人殺其父者遂畔共立須卜骨都侯爲單于而於扶羅詣闕自訟會靈帝崩天下大亂單于將數千騎與白波賊合兵寇河內諸郡時民皆保聚鈔掠無利而兵遂挫傷復欲歸國國人不受乃止河東遂止河東平陽也須卜骨都侯爲單于一年而死南庭遂虛其位以老王行國事單于於扶羅立七年死弟呼廚泉立於扶羅即劉元海之祖呼廚泉即元海之叔祖單于呼廚泉興平二年獻帝初平五年改爲興平元年立以兄被逐不得歸國數爲鮮卑所鈔建安元年獻帝自長安東歸右賢王去卑與白波賊帥韓暹等侍衞天子拒擊李傕郭汜及車駕還洛陽又徙遷許然後歸國謂歸河東平陽也二十一年單于來朝曹操因留於鄴留呼廚泉於鄴而遣去卑歸平陽監其五部國而遣去卑歸監其國

焉

論曰漢初遭冒頓凶黠種衆強熾高祖威加四海而窘平城之圍前書云高祖自將兵三十二萬擊韓王信先至平城冒頓縱兵三十萬騎圍帝於白登七日漢兵中外不得相救餉故歌曰平城之事甚大苦七日不得食不能彎弓弩得陳平祕計然後得免也大宗政鄰刑措不雪憤辱之恥前書斷獄四百幾至刑措幾近也今言政鄰刑措鄰亦刑也逮孝武亟興邊略有志匈奴赫然命將戎旗星屬如衆星之相連屬言其多候列郊甸火通甘泉列置候兵於近郊畿天子在甘泉宮而烽火時到甘泉宮也而猶鳴鏑揚塵出入畿內鳴鏑即匈奴之箭也謂匈奴白羊樓煩王在河南也京師一千餘里古者王畿千里言匈奴寇邊即出入畿內世宗逐煩樓白羊始得河南之地以築朔方今夏州是也按夏州去京師一千二百里至於窮竭武力單用天財單盡也言盡用天下之財歷紀歲㠯攘之寇雖頗折而漢之疲耗略相當矣漢武好征戶口減半即是死亾與殺匈奴相當也宣帝値虜庭分爭呼韓邪來臣乃權納懷柔因爲邊衞虜庭分爭謂五單于國呼韓邪遂來臣服因請款關永爲邊衞前書云日逐王薄胥堂爲屠耆單于呼揭王爲呼揭單于薁鞬王爲車犂單于烏籍都尉爲烏籍單于并呼韓邪凡五單于也罷關徼之儆息兵民之勞匈奴既降北庭不儆備勞者竝得休息也龍駕帝服鳴鐘傳鼓於清渭之上案前書宣帝甘露二年正月呼韓邪朝甘泉宮漢寵以殊禮位在諸侯王上贊謁者稱臣而不名禮畢使者導單于宿長平上自甘泉宿池湯

宮詔單于毋謁左右當戶及羣臣皆列觀及諸蠻夷君長王侯數萬人咸迎於渭橋下夾道陳上登渭橋咸稱萬歲南面而朝單于朔易無復匹馬之蹤匈奴即降朔方易水之地更無匈奴匹馬之蹤也六十餘年矣後王莽陵篡擾動戎夷自宣帝甘露二年至平帝末年北邊無匈奴之盜王莽陵篡之後狠心復生前書贊曰三世稱賓於漢庭是時邊城晏閉牛馬布野三世無犬吠之警黎庶亾干戈之役後六十餘歲之間遭莽篡位始開邊隙三世謂元帝成帝各爲一世哀平二帝皆元帝之孫共爲一世故三世也王莽執政始開邊隙也續以更始之亂方夏幅裂更始無道擾亂方內諸夏如布帛之裂也自是匈奴得志狼心復生乘間侵佚害流傍境及中興之初更通舊好及光武中興更通宣元之舊好報命連屬金幣載道報命相屬言其往來不絕金帛常載於道言其賞遺常行而單于驕踞益橫內暴滋深世祖二年令中郎將韓統報命賂遺金帛以通舊好而單于驕踞自比冒頓對使者辭語悖慢也世祖以用事諸華未遑沙塞之外遑暇也忍愧思難徒報謝而已雖得驕踞悖慢之詞而忍其羞愧思其患難但以善言報謝而已徒但也因徙幽并之民增邊屯之卒移徙幽并之人增益邊屯之戍卒及關東稍定隴蜀已清其猛夫扞將莫不頓足攘手爭言衞霍之事爭言衞青霍去病世宗之代北伐匈奴之事也帝方厭兵間修文政未之許也帝厭用兵欲修文政未許猛夫扞將之事其後匈奴爭立日逐來奔願修呼韓之好以禦北狄之衝比季父孝單于輿以比爲右薁鞬日

（逐王曰逐卽南匈奴單于比也）奉藩稱臣，永爲外扞。天子總攬羣策，和而納焉（總攬羣臣之策善均從衆與之和同而納其降款也）。乃詔有司開北鄙，擇肥美之地，量水草以處之。馳中郎之使，盡法度以臨之，制衣裳，備文物，加璽紱之綬，正單于之名。於是匈奴分破，始有南北二庭焉。讎釁既深，互伺便隙，控弦抗戈，覘望風塵，雲屯烏散，更相馳突，至於陷潰創傷者，靡歲或寧，而漢之塞地晏然矣（由南北二庭自相馳突而漢之塞地晏然無事矣）。後亦頗爲出師，并兵窮討，命竇憲、耿夔之徒，前後並進，皆用果譎，設奇數，異道同會，究掩其窟穴，躡北追奔（軍走曰北）三千餘里（北虜烏孫遂奔漠北乃空其地三千餘里也），遂破龍祠，焚罽幕，阬十角，梏閼氏（械在手曰梏音古督反），銘功封石，倡呼而還（爲勒石立銘於燕然山猶前書霍去病登臨瀚海封狼居胥山也）。單于震懾屛氣，蒙氈遁走於烏孫之地，而漠北空矣（漠北既空宜卽遷南虜以居之）。若因其時埶，及其虛曠，還南虜於陰山，歸河西於內地（河西虜衆居之于時遂爲邊境若還南虜於陰山卽爲內地也），上申光武權宜之略，下防戎羯亂華之變（戎羯之亂興於永嘉之年續勒燕然乃居永元之歲甲辰以上始可頹其將來竇憲庸才寍可責其謀慮使耿國之算不謬於當世建武二十四年八部大人共立比爲呼韓邪單于款五原塞願永爲蕃蔽扞禦北方帝用五官中郎將耿國議乃許之也袁安之議見從於後王竇憲欲立北單于安議不許也平易正直若此其弘也若從耿國袁安之議卽言平易正直之道如北之弘遠也而竇憲矜三捷之效忽經世之規狠戾不端專行威惠三捷言勝也自矜功伐專行威惠爲臣不忠卽其人也又章和二年竇太后臨朝單于屯屠何上言宜及北虜分爭出兵討伐破北成南并爲一國令漢家長無北念旣威北邊卽宜權成南部更請存立其何惑哉遂復更立北虜反其故庭永元三年將軍竇憲上書請立於除鞬爲北單于朝廷從之四年卽授璽綬方欲輔歸北庭會竇憲被誅五年於除鞬自畔還北帝遣將兵長史王輔誘誅之竝恩兩護以私己福棄蔑天公言竇憲斬日逐刊石紀功卽宜滅其北庭以資南部重存肖緒滋生孽哉南北俱存卽是竝恩兩護以私己福乃招其禍斯則棄蔑天公之事也天公謂天子也前書云老秃翁何爲首鼠兩端秃翁卽乃翁也高祖云幾敗乃公事乃公卽汝公也惇史直筆時復存其質言也坐樹大鯁永言前載何恨憤之深乎由竇憲請立北庭遂使匈奴滋蔓卽是坐樹大鯁永言前事深可恨哉載事也自後經綸失方畔服不一其爲疢毒胡可單言單盡也單與殫同降及後世翫爲常俗終於吞噬神鄉丘墟帝宅嗚呼千里之差興自毫端失得之源百世不磨矣旣勤燕然之後若復南虜於漠北引侍子於京師混并匈奴之區使得專爲一部則荒服無忿爭之迹邊服息征伐之勤此之不行遂爲巨蠹自單于比入居西河美稷之後種類繁昌難以驅逼魏武雖分其衆爲五部然大率皆居晉陽暨平左賢王豹之子

劉元海假稱天號縱盜中原吞噬神鄉丘墟帝宅愍懷二帝沈沒虜庭差之毫端一至於此百代無滅誠可痛心也

贊曰匈奴既分謂分爲南北庭也羽書稀聞檄書有急卽插鳥羽其上也野心難悔終亦紛紜紛紜之事具如上解

南匈奴列傳第七十九

金陵書局仿汲古閣本刊

後漢書八十九

烏桓鮮卑列傳第八十　後漢書九十

唐章懷太子賢注

烏桓者本東胡也漢初匈奴冒頓滅其國餘類保烏桓山因以爲號焉俗善騎射弋獵禽獸爲事隨水草放牧居無常處以穹廬爲舍東開向日食肉飲酪以毛毳爲衣（鄭玄注周禮曰毛之縟細者爲毳）貴少而賤老其性悍塞（說文曰悍勇也塞謂不通）怒則殺父兄而終不害其母以母有族類父兄無相讎報故也有勇健能理決鬭訟者推爲大人無世業相繼邑落各有小帥數百千落自爲一部大人有所召呼則刻木爲信雖無文字而部衆不敢違犯氏姓無常以大人健者名字爲姓大人以下各自畜牧營産不相傜役其嫁娶則先略女通情（杜預注左傳曰不以道取爲略）或半歲百日然後送牛馬羊畜以爲娉幣壻隨妻還家妻家無尊卑旦旦拜之而不拜其父母爲妻家僕役一二年間妻家乃厚遺送

女居處財物一皆爲辦其俗妻後母報寡嫂死則歸其故夫計謀從用婦人唯鬬戰之事乃自決之父子男女相對踞蹲以髡頭爲輕便婦人至嫁時乃養髮分爲髻著句決飾以金碧猶中國有簂步搖簂音吉悔反字或爲幗婦人首飾也續漢輿服志曰公卿列侯夫人紺繒幗釋名云皇后首飾上有垂珠步則搖之也婦人能刺韋作文繡織氀毼廣雅曰氀毼罽也氀音力于反毼音胡達反男子能作弓矢鞍勒勒馬銜也鍛金鐵爲兵器其土地宜穄及東牆東牆似蓬草實如穄子至十月而熟見鳥獸孕乳以別四節俗貴兵死斂屍以棺有哭泣之哀至葬則歌舞相送肥養一犬以彩繩纓牽并取死者所乘馬衣物皆燒而送之言以屬累犬屬累乃付託也屬音之欲反累音力瑞反使護死者神靈歸赤山赤山在遼東西北數千里如中國人死者魂神歸岱山也博物志泰山天帝孫也主召人魂東方萬物始故知人使命敬鬼神祠天地日月星辰山川及先大人有健名者祠用牛羊畢皆燒之其約法違大人言者辠至死若相賊殺者令部落自相報不止詣大

人告之聽出馬牛羊㠯贖死其自殺父兄則無罪若亾畔爲大人所捕者邑落不得受之皆徙逐於雍狂之地沙漠之中其土多蝮蛇在丁令西南烏孫東北焉前書音義曰丁令匈奴別種也令音零烏桓自爲冒頓所破衆遂孤弱常臣伏匈奴歲輸牛馬羊皮過時不具輒沒其妻子及武帝遣驃騎將軍霍去病擊破匈奴左地因徙烏桓於上谷漁陽右北平遼東五郡塞外爲漢偵察匈奴動靜偵覘也音丑政反其大人歲一朝見於是始置護烏桓校尉秩二千石擁節監領之使不得與匈奴交通昭帝時烏桓漸强乃發匈奴單于冢墓㠯報冒頓之怨匈奴大怒乃東擊破烏桓大將軍霍光聞之因遣度遼將軍范明友將二萬騎出遼東邀匈奴而虜已引去明友乘烏桓新敗遂進擊之斬首六千餘級獲其三王首而還由是烏桓復寇幽州明友輒破之宣帝時乃稍保塞降附及王莽篡位欲擊匈奴興十二部軍使

東域將嚴尤領烏桓丁令兵屯代郡皆質其妻子於郡縣烏桓不便水土懼久屯不休數求謁去莽不肯遣遂自亾畔還爲抄盜而諸郡盡殺其質由是結怨於莽匈奴因誘其豪帥㠯爲吏餘者皆羈縻屬之光武初烏桓與匈奴連兵爲寇代郡㠯東尤被其害居止近塞朝發穹廬莫至城郭五郡民庶家受其辜至於郡縣損壞百姓流亾其在上谷塞外白山者最爲强富建武二十一年遣伏波將軍馬援將三千騎出五阮關掩擊之（關在代郡）烏桓逆知悉相率逃走追斬百級而還烏桓復尾擊援後援遂晨夜奔歸比入塞馬死者千餘匹二十二年匈奴國亂烏桓乘弱擊破之匈奴轉北徙數千里漠南地空帝乃㠯幣帛賂烏桓二十五年遼西烏桓大人郝旦等九百二十二人率衆向化詣闕朝貢獻奴婢牛馬及弓虎豹貂皮是時四夷朝賀絡繹而至天子乃命大會勞饗賜㠯珍寶烏

桓或願留宿衛於是封其渠帥爲侯王君長者八十一人皆居塞內布於緣邊諸郡令招來種人給其衣食遂爲漢偵候助擊匈奴鮮卑時司徒掾班彪上言烏桓天性輕黠好爲寇賊若久放縱而無總領者必復侵掠居人但委主降掾吏（掾當時權置也下兵馬掾亦同也）恐非所能制臣愚以爲宜復置烏桓校尉誠有益於附集省國家之邊慮帝從之於是始復置校尉於上谷甯城（甯城縣名前書甯縣作寍史記甯城亦作寍寍甯兩字通也）開營府并領鮮卑賞賜質子歲時互市焉及明章和三世皆保塞無事安帝永初三年夏漁陽烏桓與右北平胡千餘寇代郡上谷秋鴈門烏桓率衆王無何允與鮮卑大人丘倫等及南匈奴骨都侯合七千騎寇五原與太守戰於九原高渠谷（九原縣名屬五原郡）漢兵大敗殺郡長吏乃遣車騎將軍何熙度遼將軍梁慬等擊大破之無何乞降鮮卑走還塞外是後烏桓稍復親附拜其大人戎朱廆爲親漢都尉

廆音胡罪反順帝陽嘉四年冬烏桓寇雲中遮截道上商賈車牛千餘兩度遼將軍耿曄率二千餘人追擊不利又戰於沙南斬首五百級沙南縣屬雲中郡有蘭池城烏桓遂圍曄於蘭池城於是發積射士二千人度遼營千人配上郡屯以討烏桓烏桓乃退永和五年烏桓大人阿堅羌渠等與南匈奴左部句龍吾斯反畔中郎將張耽擊破斬之餘衆悉降桓帝永壽中朔方烏桓與休著屠各並畔中郎將張奐擊平之延熹九年夏烏桓復與鮮卑及南匈奴鮮卑寇緣邊九郡俱反張奐討之皆出塞去靈帝初烏桓大人上谷有難樓者衆九千餘落遼西有丘力居者衆五千餘落皆自稱王又遼東蘇僕延衆千餘落自稱峭王峭七笑反右北平烏延衆八百餘落自稱汗魯王並勇健而多計策中平四年前中山太守張純畔入丘力居衆中自號彌天安定王遂爲諸郡烏桓元帥寇掠青徐幽冀四州五年以劉虞

爲幽州牧虞購募斬純首北州乃定獻帝初平中丘力居死子樓班年少從子蹋頓有武略代立（蹋音大蠟反）總攝三郡衆皆從其號令建安初冀州牧袁紹與前將軍公孫瓚相持不決蹋頓遣使詣紹求和親遂遣兵助擊瓚破之紹矯制賜蹋頓難樓蘇僕延烏桓烏延等皆㠯單于印綬後難樓蘇僕延率其部衆奉樓班爲單于蹋頓爲王然蹋頓猶秉計策廣陽人閻柔少沒烏桓鮮卑中爲其種人所歸信柔乃因鮮卑衆殺烏桓校尉邢舉而代之袁紹因寵慰柔㠯安北邊及紹子尚敗奔蹋頓時幽冀吏人奔烏桓者十萬餘戶尚欲憑其兵力復圖中國會曹操平河北閻柔率鮮卑烏桓歸附操即㠯柔爲校尉建安十二年曹操自征烏桓大破蹋頓於柳城斬之首虜二十餘萬人袁尚與樓班烏延等皆走遼東遼東太守公孫康竝斬送之其餘衆萬餘落悉徙居中國云

鮮卑者亦東胡之支也別依鮮卑山故因號焉其言語習俗與烏桓同唯婚姻先髡頭以季春月大會於饒樂水上（水在今營州北）飲讌畢然後配合又禽獸異於中國者野馬原羊角端牛以角爲弓俗謂之角端弓者（郭璞注爾雅曰原羊似吳羊而大角出西方前書音義曰角端似牛角可爲弓）又有貂豽鼲子皮毛柔蝡（豽音女滑反鼲音胡昆反貂鼲竝鼠屬豽猴屬也）故天下以爲名裘漢初亦爲冒頓所破遠竄遼東塞外與烏桓相接未嘗通中國焉光武初匈奴強盛率鮮卑與烏桓寇抄北邊殺掠吏人無有寧歲建武二十一年鮮卑與匈奴入遼東遼東太守祭肜擊破之斬獲殆盡事已具肜傳由是震怖及南單于附漢北虜孤弱二十五年鮮卑始通驛使其後都護偏何等詣祭肜求自效功因令擊北匈奴左伊育訾部斬首二千餘級其後偏何連歲出兵擊北虜還輒持首級詣遼東受賞賜三十年鮮卑大人於仇賁滿頭等率種人詣闕朝賀慕義內屬帝封於仇

賁爲王滿頭爲侯時漁陽赤山烏桓歆志賁等數寇上谷永平元年祭彤復賂偏何擊歆志賁破斬之於是鮮卑大人皆來歸附並詣遼東受賞賜青徐二州給錢歲二億七千萬爲常明章二世保塞無事和帝永元中大將軍竇憲遣右校尉耿夔擊破匈奴北單于逃走鮮卑因此轉徙據其地匈奴餘種留者尚有十餘萬落皆自號鮮卑鮮卑由此漸盛九年遼東鮮卑攻肥如縣（肥如縣故城在今平州）太守祭參坐沮敗下獄死十三年遼東鮮卑寇右北平因入漁陽漁陽太守擊破之延平元年鮮卑復寇漁陽漁陽太守張顯率數百人出塞追之兵馬掾嚴授諫曰前道險阻賊埶難量宜且結營先令輕騎偵視之顯意甚銳怒欲斬之因復進兵遇虜伏發士卒悉走唯授力戰身被十創手殺數人而死顯中流矢主簿衞福功曹徐咸皆自投赴顯俱歿於陣鄧太后策書褒歎賜顯錢六十萬以家

二八爲郎授福咸各錢十萬除一子爲郎安帝永初中鮮卑大人燕荔陽詣闕朝賀鄧太后賜燕荔陽王印綬赤車參駕令止烏桓校尉所居甯城下通胡市因築南北兩部質館（築館以受降質）鮮卑邑落百二十部各遣入質是後或降或畔與匈奴烏桓更相攻擊元初二年秋遼東鮮卑圍無慮縣（無慮縣屬遼東郡）州郡合兵固保清野鮮卑無所得（清野謂收斂積聚不令寇得之也）復攻扶黎營殺長吏（扶黎縣屬遼東屬國故城在今營州東南）四年遼西鮮卑連休等遂燒塞門寇百姓烏桓大人於秩居等與連休有宿怨共郡兵奔擊大破之斬首千三百級悉獲其生口牛馬財物五年秋代郡鮮卑萬餘騎遂穿塞入寇分攻城邑燒宮寺殺長吏而去乃發緣邊甲卒黎陽營兵屯上谷以備之冬鮮卑入上谷攻居庸關復發緣邊諸郡黎陽營兵積射士步騎二萬人屯列衝要六年秋鮮卑入馬城塞殺長吏（馬城縣名屬代郡）度遼將軍鄧遵發積射士三千人

及中郎將馬續率南單于與遼西右北平兵馬會出塞追擊鮮卑大破之獲生口及牛羊財物甚衆又發積射士三千人馬三千匹詣度遼營屯守永寧元年遼西鮮卑大人烏倫其至鞬率衆詣鄧遵降奉貢獻詔封烏倫爲率衆王其至鞬爲率衆侯賜綵繒各有差建光元年秋其至鞬復畔寇居庸雲中太守成嚴擊之兵敗散功曹楊穆以身捍嚴與俱戰歿鮮卑於是圍烏桓校尉徐常於馬城度遼將軍耿夔與幽州刺史龐參發廣陽漁陽涿郡甲卒分爲兩道救之常夜得潛出與夔等并力並進攻賊圍解之鮮卑旣累殺郡守膽意轉盛控弦數萬騎延光元年冬復寇鴈門定襄遂攻太原掠殺百姓二年冬其至鞬自將萬餘騎入東領候分爲數道攻南匈奴於蔓柏（縣名屬五原郡也）薁鞬日逐王戰死殺千餘人三年秋復寇高柳擊破南匈奴殺漸將王順帝永建元年秋鮮卑其至鞬寇

代郡太守李超戰死明年春中郎將張國遣從事將南單于兵步騎萬餘人出塞擊破之獲其資重二千餘種時遼東鮮卑六千餘騎亦寇遼東玄菟烏桓校尉耿曅發緣邊諸郡兵及烏桓率衆王出塞擊之斬首數百級大獲其生口牛馬什物鮮卑乃率種衆三萬人詣遼東乞降三年四年鮮卑頻寇漁陽朔方六年秋耿曅遣司馬將胡兵數千人出塞擊破之冬漁陽太守又遣烏桓兵擊之斬首八百級獲牛馬生口烏桓豪人扶漱官勇健（漱音所救反）每與鮮卑戰輒陷敵詔賜號率衆君陽嘉元年冬耿曅遣烏桓親漢都尉戎朱廆率衆王侯咄歸等出塞抄擊鮮卑大斬獲而還賜咄歸等已下爲率衆王侯長賜綵繒各有差鮮卑後寇遼東屬國於是耿曅乃移屯遼東無慮城拒之二年春匈奴中郎將趙稠遣從事將南匈奴骨都侯夫沈等出塞擊鮮卑破之斬獲甚衆詔賜夫沈金印

紫綬及縑綵各有差秋鮮卑穿塞入馬城代郡太守擊之不能克後其至鞬死鮮卑抄盜差稀桓帝時鮮卑檀石槐者其父投鹿侯初從匈奴軍三年其妻在家生子投鹿侯歸怪欲殺之妻言嘗晝行聞雷震仰天視而雹入其口因吞之遂姙身十月而產此子必有奇異且宜長視投鹿侯不聽遂棄之妻私語家令收養焉名檀石槐年十四五勇健有智略異部大人抄取其外家牛羊檀石槐單騎追擊之所向無前悉還得所亡者由是部落畏服乃施法禁平曲直無敢犯者遂推以爲大人檀石槐乃立庭於彈汗山歠仇水上（歠音昌悅反）去高柳北三百餘里兵馬甚盛東西部大人皆歸焉因南抄緣邊北拒丁零東卻夫餘西擊烏孫盡據匈奴故地東西萬四千餘里網羅山川水澤鹽池永壽二年秋檀石槐遂將三四千騎寇雲中延熹元年鮮卑寇北邊冬使匈奴中郎將張奐率南單

于出塞擊之斬首二百級二年復入雁門殺數百人大抄掠而去六年夏千餘騎寇遼東屬國九年夏遂分騎數萬人入緣邊九郡竝殺掠吏人於是復遣張奐擊之鮮卑乃出塞去朝廷積患之而不能制遂遣使持印綬封檀石槐爲王欲與和親檀石槐不肯受而寇抄滋甚乃自分其地爲三部從右北平以東至遼東接夫餘濊貊二十餘邑爲東部從右北平㠯西至上谷十餘邑爲中部從上谷㠯西至敦煌烏孫二十餘邑爲西部各置大人主領之皆屬檀石槐靈帝立幽并涼三州緣邊諸郡無歲不被鮮卑寇抄殺略不可勝數熹平三年冬鮮卑入北地太守夏育率休著屠各追擊破之遷育爲護烏桓校尉五年鮮卑寇幽州六年夏鮮卑寇三邊秋夏育上言鮮卑寇邊自春㠯來三十餘發請徵幽州諸郡兵出塞擊之一冬二春必能禽滅朝廷未許先是護羌校尉田晏坐事論刑

被原欲立功自効乃請中常侍王甫求得爲將甫因此議遣兵與育并力討賊帝乃拜旻爲破鮮卑中郎將大臣多有不同乃召百官議朝堂議郎蔡邕議曰書戒猾夏湯伐鬼方（尚書舜典曰蠻夷猾夏寇賊姦宄猾亂也易旣濟九三爻辭曰高宗伐鬼方三年而克之前書淮南王安曰鬼方小蠻夷也音義曰鬼方遠方也）周有玁狁蠻荊之師（詩小雅曰顯允方叔征伐玁狁蠻荊來威）漢有闐顏瀚海之事（武帝使大將軍衛青擊匈奴至闐顏山斬首萬餘級使霍去病擊匈奴封狼居胥山登臨瀚海也）征討殊類所由尚矣然而時有同異埶有可否故謀有得失事有成敗不可齊也武帝情存遠略志闢四方南誅百越北討强胡西伐大宛東并朝鮮因文景之蓄藉天下之饒數十年間官民俱匱乃興鹽鐵酒榷之利設告緡重稅之令（武帝使東郭咸陽等領天下鹽鐵敢私鑄錢賣鹽者釱左趾榷專也官自賣酒人不得賣也又算緡錢率緡錢二千而算一令各以其物自占占不悉聽人告緡以半與之音義曰緡絲也用以貫錢故曰緡錢一算百二十也）民不堪命起爲盜賊關東紛擾道路不通（武帝天漢二年泰山瑯邪羣盜徐勃等阻山攻城道路不通）繡衣直指之使奮鈇鉞而竝出（武帝使直指使者暴勝之等衣繡仗斧分部逐捕也）旣而覺悟乃息兵罷役封丞相爲富人侯（封丞相車

千秋爲富人侯以明休息思富養人故主父偃曰夫務戰勝窮武事未有不悔者也（武帝時齊相主父偃諫伐匈奴之辭）夫以世宗神武將帥良猛財富充實所拓廣遠猶有悔焉況今人財並乏事劣昔時乎自匈奴遁逃鮮卑強盛據其故地稱兵十萬才力勁健意智益生加以關塞不嚴禁網多漏精金良鐵皆爲賊有漢人逋逃爲之謀主兵利馬疾過於匈奴昔段熲良將習兵善戰有事西羌猶十餘年今育晏才策未必過熲鮮卑種衆不弱於曩時而虛計二載自許有成若禍結兵連豈得中休當復徵發衆人轉運無已是爲耗竭諸夏并力蠻夷夫邊垂之患手足之蚧搔中國之困胸背之瘭疽（蚧音介搔音新到反埤蒼曰瘭音必燒反杜預注左傳曰疽猶惡創也）方今郡縣盜賊尚不能禁況此醜虜而可伏乎昔高祖忍平城之恥呂后棄慢書之詬（詬恥也音許豆反）方之於今何者爲甚天設山河秦築長城漢起塞垣所以別內外異殊俗也苟無蹙國內授之患則可矣（蹙國解見西域傳）豈

與蟲螘校寇計爭往來哉雖或破之豈可殄盡而方令本朝爲之旰食乎旰晚也左傳伍子胥曰楚君大夫其旰食乎夫專勝者未必克挾疑者未必敢衆所謂危聖人不任朝議有嫌明主不行也昔淮南王安諫伐越曰天子之兵有征無戰言其莫敢校也校報也如使越人蒙死以逆執事廝輿之卒前書音義曰廝微也輿衆也有一不備而歸者雖得越王之首而猶爲大漢羞之而欲以齊民易醜虜皇威辱外夷就如其言猶已危矣況乎得失不可量邪昔珠崖郡反孝元皇帝納賈捐之言而下詔曰珠崖背畔今議者或曰可討或曰棄之朕日夜惟思羞威不行則欲誅之通於時變復憂萬民夫萬民之飢與遠蠻之不討何者爲大宗廟之祭凶年猶有不備況避不嫌之辱哉今關東大困無以相贍又當動兵非但勞民而已其罷珠崖郡此元帝所以發德音也夫恤民救急雖成郡列縣尚猶棄之況障塞之外未嘗爲民居者乎

守邊之術，李牧善其略；史記曰：李牧，趙之北邊良將也。常居代雁門，備匈奴，以便宜置吏，市租不入幕府，為士卒費，謹烽火，邊無失亡也。保塞之論，嚴尤申其要。前書王莽發三十萬眾，十道出擊匈奴，莽將嚴尤諫曰：「匈奴為害，所從來久，未聞上代有征之者也。後世三家周秦漢征之，然皆未有得上策者也。周宣王時，獫狁內侵，至于涇陽，命將出征之，盡境而還，是得中策。武帝選將練兵，深入遠戍，兵連禍結三十餘年，是為下策。秦始皇不忍小恥，築長城之固，以喪社稷，是為無策。」班固曰：「若乃征伐之功，秦漢行事，嚴尤論之當矣。」遺業猶在，文章具存，循二子之策，守先帝之規，臣曰可矣。」帝不從。左傳曰：楚大夫薳啓彊對楚靈王曰：「晉之事君，臣曰可矣。」遂遣夏育出高柳，田晏出雲中，匈奴中郎將臧旻率南單于出雁門，各將萬騎，三道出塞二千餘里。檀石槐命三部大人各率眾逆戰，育等大敗，喪其節傳輜重，各將數千騎奔還，死者十七八。三將檻車徵下獄，贖為庶人。冬，鮮卑寇遼西。光和元年冬，又寇酒泉，緣邊莫不被毒。種眾日多，田畜射獵不足給食，檀石槐乃自徇行，見烏集秦水廣從數百里，水停不流，從，子用反。其中有魚，不能得之。聞倭人善網捕，於是東擊倭人國，得千餘家，徙置秦水上，令捕魚以助糧食。光和中，檀石槐死，時年四十五子和連代立和連才力不及父亦數爲寇抄性貪淫斷法不平衆畔者半後出攻北地廉人善弩射者（廉縣名屬北地郡）射中和連卽死其子騫曼年小兄子魁頭立後騫曼長大與魁頭爭國衆遂離散魁頭死弟步度根立自檀石槐後諸大人遂世相傳襲

論曰四夷之暴其勢互彊矣匈奴熾於隆漢西羌猛於中興而靈獻之閒二虜迭盛石槐驍猛盡有單于之地蹋頓凶桀公據遼西之士其陵跨中國結患生人者靡世而寍焉然制御上略歷世無聞周漢之策僅得中下將天之冥數已至於是乎

贊曰二虜首施鯁我北垂道暢則馴時薄先離

烏桓鮮卑列傳第八十

續漢書八志目錄

志三十卷

第一卷

律曆上

第二卷

律曆中

第三卷

律曆下

陳國　魯國

右豫州

魏郡　鉅鹿

常山　中山

安平　河間

清河　趙國

勃海

右冀州

第二十一卷

郡國三

陳留　東郡

東平　任城

第二十二卷

郡國四

右青州

南陽　南郡

江夏　零陵

桂陽　武陵

長沙

右荊州

九江　丹陽

廬江　會稽

吳郡　豫章

右揚州

第二十三卷

郡國五

右益州

張掖屬國　張掖居延屬國

右涼州

上黨　太原

上郡　西河

五原　雲中

定襄　鴈門

朔方

右并州

涿郡　廣陽

代郡　上谷

漁陽　右北平

遼西　遼東

第二十九卷

輿服上

玉輅　乘輿

金根　安車

立車　耕車

戎車　獵車

軿車　青葢車

綠車　皁葢車

夫人安車　大駕

法駕　小駕

輕車　大使車

小使車　載車

續漢書八志目錄

注補續漢書八志序

梁剡令劉昭

臣昭曰昔司馬遷作史記爰建八書班固因廣是曰十志天人經緯帝政紘維區分源奧開廓著述創藏山之祕寶肇刊石之遐貫誠有繁於春秋亦自敏於改作至乎永平執簡東觀紀傳雖顯書志未聞推檢舊記先有地理張衡欲存炳發未有成功靈憲精遠天文已煥自蔡邕大弘鳴條寔多紹宣協妙元卓律歷以詳承洽伯始禮儀克舉郊廟社稷祭祀該明輪騑冠章車服贍列於是應譙續其業董巴襲其軌司馬續書總爲八志律歷之篇仍乎洪邕所構車服之本卽依董蔡所立儀祀得於往制百官就乎故簿並籍據前脩以濟一家者也王教之要國典之源粲然略備可得而知矣旣接繼班書通其流貫體裁淵深雖難踰等序致膚約有傷

懸越後之名史弗能罷意叔駿之書是謂十典矜緩殺青竟亦不成二子平業俱稱麗富華轍亂亾典則偕泯雅言遂義於是俱絕沈松因循尤解功創時改見句非更搜求加藪文以矯前棄流書品採自近錄初平永嘉圖籍焚喪塵消煙滅焉識其限借南晉之新虛為東漢之故實是以學者亦無取焉范曄後漢良誠跨衆氏序或未周志遂全闕國史鴻曠須寄勤閑天才富博猶俟改具若草昧厥始無相憑據窮其身世少能已畢遷有承考之言固深資父之力太初以前班用馬史十志所因寔多往制升入校部出二十載續志昭表以助其閒成父述者夫何易哉況曄思雜風塵心撓成毀弗克員就豈以茲乎夫辭潤婉贍可得起改覈求見事必應寫襲故序例所論備精與奪及語八志頗褎其美雖出跋前羣歸相沿也又尋本書當作禮樂志其天文五行百官車服為名則

同此外諸篇不著紀傳律歷郡國必依往式瞱遺書自序應徧作
諸志前漢有者悉欲備製卷中發論以正得失書雖未明其大旨
也曾臺雲構所缺過乎榱桷爲山霞高不終踰乎一簣鬱絕斯作
吁可痛哉徒懷纘緝理慙鉤遠迺借舊志注以補之狹見寡陋匪
同博遠及其所値微得論列分爲三十卷以合范史求於齊工孰
曰文類比茲闕恨庶賢乎已昔褚先生補子長之削少馬氏接孟
堅之不畢相成之義古有之矣引彼先志又何猜焉而歲代逾邈
立言湮散義存廣求一隅未覿兼鍾律之妙素揖校讎參歷算之
微有慙證辨星候祕阻圖緯藏嚴是須甄明每用疑略時或有見
頗邀旁遇非覽正部事乖詳密今令行禁止此書外絕其有疏漏
諒不足誚

續漢志一

律曆志上

律準　候氣

梁劉昭注補

古之人論數也曰物生而後有象象而後有滋滋而後有數然則天地初形人物既著則算數之事生矣記稱大橈作甲子呂氏春秋曰黃帝師大橈博物記曰容成氏造曆黃帝臣也月令章句大橈探五行之情占斗綱所建於是始作甲乙以名日謂之幹作子丑以名月謂之枝枝幹相配以成六旬隸首作數博物記曰隸首黃帝之臣一說隸首善算者也二者既立以比日表表即晷景以管萬事夫一十百千萬所同用也律度量衡曆其別用也故體有長短檢以度說苑曰以粟生之十粟爲一分十分爲一寸十寸爲一尺十尺爲一丈物有多少受以量說苑曰千二百粟爲一龠十龠爲一合十合爲一升十升爲一斗十斗爲一斛量有輕重平以權衡說苑曰十粟重一圭十圭重一銖二十四銖重一兩十六兩重一斤三十斤重一鈞四鈞重一石聲有清濁協以律呂三光運行紀以曆數然後幽隱之情精微之變可得而綜也前志曰夫推曆生律制器規圓矩方權重衡平準繩嘉量探賾索隱鉤深致遠莫不用焉度長短者不失毫氂量多少者不失圭撮權輕重者不失黍累紀於一協於十長於百大於千廣於萬漢興北平侯張蒼首治律曆孝武正樂置協律之官至元始中博徵通

知鍾律者考其意義羲和劉歆典領條奏前史班固取㠯爲志而元帝時郎中京房房字君明知五聲之音六律之數上使太子太傅韋玄成字少翁諫議大夫章雜試問房於樂府房對受學故小黃令焦延壽六十律相生之法㠯上生下皆三生二㠯下生上皆三生四陽下生陰陰上生陽終於中呂而十二律畢矣中呂上生執始執始下生去滅上下相生終於南事六十律畢矣夫十二律之變至於六十猶八卦之變至於六十四也宓羲作易紀陽氣之初㠯爲律法建日冬至之聲㠯黃鍾爲宮太蔟爲商姑洗爲角林鍾爲徵南呂爲羽應鍾爲變宮蕤賓爲變徵月令章句曰以姑洗爲角南呂爲羽則微濁也此聲氣之元五音之正也故各統一日其餘㠯次運行當日者各自爲宮而商徵㠯類從焉月令章句曰律率也聲之管也上古聖人本陰陽別風聲審清濁而不可以文載口傳也於是始鑄金作鍾以主十二月之聲然後以放升降之氣鍾難分別乃截竹爲管謂之律律者清濁之率法也聲之清濁以律長短爲制禮運篇曰五聲六律十二管還相

爲宮此之謂也鄭玄曰宮數八十一黃鍾長九寸九九八十一也三分宮去一生徵徵數五十四林鍾長六寸六九五十四也三分徵益一生商商數七十二太蔟長八寸八九七十二也三分商去一生羽羽數四十八南呂長五寸三分寸之一五九四十五又三分寸之一爲四十八也三分羽益一生角角數六十四姑洗長七寸九分寸之一七九六十三又九分寸之一爲六十四也三分角去一生變宮三分變宮益一生變徵自此已後則隨月而變所謂還相爲宮以六十律分朞之日黃鍾自冬至始及冬至而復陰陽寒燠風雨之占生焉於以檢攝羣音考其高下苟非革木之聲則無不有所合虞書曰律和聲此之謂也房又曰竹聲不可以度調故作準以定數準之狀如瑟長丈而十三弦隱閒九尺以應黃鍾之律九寸中央一弦下有畫分寸以爲六十律清濁之節房言律詳於歆所奏其術施行於史官候部用之文多不悉載故總其本要以續前志

律術曰陽以圓爲形其性動陰以方爲節其性靜動者數三靜者數二以陽生陰倍之以陰生陽四之皆三而一陽生陰曰下生陰生陽曰上生上生不得過黃鍾之濁下生不得不及黃鍾之清皆參天兩

地圓蓋方覆六耦承奇之道也黃鍾律呂之首而生十一律者也前書曰黃帝使伶倫自大夏之西崑崙之陰取竹之嶰谷生其竅厚均者斷兩節間而吹之以爲黃鍾之管制十二筩以聽鳳之鳴其雄鳴爲六雌鳴亦六比黃鍾之音而皆可以生之是爲律本至治之世天地之氣合以生風天地之風氣正十二律乃定其相生也皆三分而損益之是故十二律之得十七萬七千一百四十七是爲黃鍾之實前書曰太極元氣函三爲一極中也元始也行於十二辰始動於子參之於丑得三又參之於寅得九又參之於卯得二十七又參之於辰得八十一又參之於巳得二百四十三又參之於午得七百二十九又參之於未得二千一百八十七又參之於申得六千五百六十一又參之於酉得萬九千六百八十三又參之於戌得五萬九千四十九又參之於亥得十七萬七千一百四十七此陰陽合德氣鍾於子化生萬物者也故滋萌於子紐牙於丑引達於寅冒茆於卯振美於辰已盛於巳咢布於午昧薆於未申堅於申留孰於酉畢入於戌該閡於亥出甲於甲奮軋於乙明炳於丙大成於丁豐茂於戊理紀於己斂更於庚悉新於辛懷任於壬陳揆於癸故陰陽之施化萬物之終始既類旅於律呂又經歷於日辰而變化之情則可見矣又以二乘而三約之是爲下生林鍾之實又以四乘而三約之是爲上生太蔟之實推此上下以定六十律之實以九三之得萬九千六百八十三爲法於律爲寸於準爲尺不盈者十之所得爲分又不盈十之所得爲小分以其餘正其強弱

黃鍾十七萬七千一百四十七

下生林鍾黃鍾爲宮太蔟商林鍾徵
一日律九寸
準九尺
色育十七萬六千七百七十六
下生謙待色育爲宮未知商謙待徵
六日律八寸九分小分八微强
準八尺九寸萬五千九百七十三
執始十七萬四千七百六十二
下生去滅執始爲宮時息商去滅徵
六日律八寸八分小分七太强
準八尺八寸萬五千五百一十六
丙盛十七萬二千四百一十

下生安度丙盛爲宫屈齊商安度徵
六日律八寸七分小分六微弱
準八尺七寸萬一千六百七十九
分動十七萬八十九
下生歸嘉分動爲宫隨期商歸嘉徵
六日律八寸六分小分四强
準八尺六寸八千一百五十二
質末十六萬七千八百
下生否與質末爲宫形晋商否與徵
六日律八寸五分小分二半强
準八尺五寸四千九百四十五
大吕十六萬五千八百八十八

下生夷則大呂爲宮夾鍾商夷則徵
八日律八寸四分小分三弱
準八尺四寸五千五百八
分否十六萬三千六百五十四
下生解形分否爲宮開時商解形徵
八日律八寸三分小分一强
準八尺三寸二千八百五十一
淩陰十六萬一千四百五十二
下生去南淩陰爲宮族嘉商去南徵
八日律八寸二分小分一弱
準八尺二寸五百一十四
少出十五萬九千二百八十

下生分積少出爲宮爭南商分積徵
六日律八寸小分九强
準八尺萬八千一百六十
太蔟十五萬七千四百六十四
下生南呂太蔟爲宮姑洗商南呂徵
一日律八寸
準八尺
未知十五萬七千一百三十四
下生白呂未知爲宮南授商白呂徵
六日律七寸九分小分八强
準七尺九寸萬六千三百八十三
時息十五萬五千三百四十四

下生結躬時息爲宮變虞商結躬徵
六日律七寸八分小分九少强
準七尺八寸萬八千一百六十六
屈齊十五萬三千二百五十三
下生歸期屈齊爲宮路時商歸期徵
六日律七寸七分小分九弱
準七尺七寸萬六千九百三十九
隨期十五萬一千一百九十
下生未卯隨期爲宮形始商未卯徵
六日律七寸六分小分八强
準七尺六寸萬五千九百九十二
形晉十四萬九千一百五十六

下生夷汗形晉爲宮依行商夷汗徵
六日律七寸五分小分八弱
準七尺五寸萬五千三百三十五
夾鍾十四萬七千四百五十六
下生無射夾鍾爲宮中呂商無射徵
六日律七寸四分小分九强
準七尺四寸萬八千一十八
開時十四萬五千四百七十
下生閉掩開時爲宮南中商閉掩徵
八日律七寸三分小分九微强
準七尺三寸萬七千八百四十一
族嘉十四萬三千五百一十三

下生鄰齊族嘉爲宮內負商鄰齊徵
八日律七寸二分小分九微强
準七尺二寸萬七千九百五十四
爭南十四萬一千五百八十二
下生期保爭南爲宮物應商期保徵
八日律七寸一分小分九强
準七尺一寸萬八千三百二十七
姑洗十三萬九千九百六十八
下生應鍾姑洗爲宮蕤賓商應鍾徵
一日律七寸一分小分一微强
準七尺一寸二千一百八十七
南授十三萬九千六百七十四

下生分烏南授爲宮南事商分烏徵
六日律七寸小分九大強
準七尺萬八千九百三十
變虞十三萬八千八十四
下生遲内變虞爲宮盛變商遲内徵
六日律七寸小分一半強
準七尺三千三十
路時十三萬六千二百二十五
下生未育路時爲宮離宮商未育徵
六日律六寸九分小分二微強
準六尺九寸四千一百二十三
形始十三萬四千三百九十二

下生遲時形始爲宮制時商遲時徵
五日律六寸八分小分三弱
準六尺八寸五千四百七十六
依行十三萬二千五百八十二
上生色育依行爲宮謙待商色育徵
七日律六寸七分小分三半強
準六尺七寸七千五十九
中呂十三萬一千七十二
上生執始中呂爲宮去滅商執始徵
八日律六寸六分小分六弱
準六尺六寸萬一千六百四十二
南中十二萬九千三百八

上生丙盛南中爲宮安度商丙盛徵
七日律六寸五分小分七微弱
準六尺五寸萬三千六百八十五
內負十二萬七千五百六十七
上生分動內負爲宮歸嘉商分動徵
八日律六寸四分小分八微強
準六尺四寸萬五千九百五十八
物應十二萬五千八百五十
上生質末物應爲宮否與商質末徵
七日律六寸三分小分九強
準六尺三寸萬八千四百七十一
𧅛賓十二萬四千四百一十六

上生大呂蕤賓爲宮夷則商大呂徵
一日律六寸三分小分二微强
準六尺三寸四千一百三十一
南事十二萬四千一百五十四
不生南事窮無商徵不爲宮
七日律六寸三分小分一弱
準六尺三寸一千五百一十一
盛變十二萬二千七百四十一
上生分否盛變爲宮解形商分否徵
七日律六寸二分小分三半强
準六尺二寸七千六十四
離宮十二萬一千八十九

上生凌陰離宫爲宫去南商凌陰徵
七日律六寸一分小分五微强
準六尺一寸萬二百二十七
制時十一萬九千四百六十
上生少出制時爲宫分積商少出徵
八日律六寸小分七弱
準六尺萬三千六百二十
林鍾十一萬八千九十八
上生太蔟林鍾爲宫南吕商太蔟徵
一日律六寸
準六尺
謙待十一萬七千八百五十一

上生未知謙待爲宫白吕商未知徵
五日律五寸九分小分九弱
準五尺九寸萬七千二百一十三
去滅十一萬六千五百八
上生時息去滅爲宫結躬商時息徵
七日律五寸九分小分二弱
準五尺九寸三千七百八十三
安度十一萬四千九百四十
上生屈齊安度爲宫歸期商屈齊徵
六日律五寸八分小分四微弱
準五尺八寸七千七百八十六
歸嘉十一萬三千三百九十三

上生隨期歸嘉爲宮未卯商隨期徵

六日律五寸七分小分六微强

準五尺七寸萬一千九百九十九

否與十一萬一千八百六十七

上生形晉否與爲宮夷汗商形晉徵

五日律五寸六分小分八强

準五尺六寸萬六千四百二十二

夷則十一萬五百九十二

上生夾鍾夷則爲宮無射商夾鍾徵

八日律五寸六分小分二弱

準五尺六寸三千六百七十二

解形十萬九千一百三

上生開時解形爲宮開掩商開時徵
八日律五寸五分小分四强
準五尺五寸八千四百六十五
去南十萬七千六百三十五
上生族嘉去南爲宮鄰齊商族嘉徵
八日律五寸四分小分六大强
準五尺四寸萬三千四百六十八
分積十萬六千一百八十七
上生爭南分積爲宮期保商爭南徵
七日律五寸三分小分九少强
準五尺三寸萬八千六百七十一
南呂十萬四千九百七十六

上生姑洗南吕爲宫應鍾商姑洗徵
一日律五寸三分小分三强
準五尺三寸六千五百六十一
白吕十萬四千七百五十六
上生南授白吕爲宫分烏商南授徵
五日律五寸三分小分二强
準五尺三寸四千三百六十一
結躬十萬三千五百六十三
上生變虞結躬爲宫遲内商變虞徵
六日律五寸二分小分六微强
準五尺二寸萬二千一百一十四
歸期十萬二千一百六十九

上生路時歸期爲宮未育商路時徵
六日律五寸一分小分九微强
準五尺一寸萬七千八百五十七
未卯十萬七百九十四
上生形始未卯爲宮遲時商形始徵
六日律五寸一分小分二微强
準五尺一寸四千一百七
夷汗九萬九千四百三十七
上生依行夷汗爲宮色育商依行徵
七日律五寸小分五强
準五尺萬二百二十
無射九萬八千三百四

上生中吕無射爲宫執始商中吕徵
八日律四寸九分小分九强
準四尺九寸萬八千五百七十三
閉掩九萬六千九百八十
上生南中閉掩爲宫丙盛商南中徵
八日律四寸九分小分三弱
準四尺九寸五千三百三十三
鄰齊九萬五千六百七十五
上生内負鄰齊爲宫分動商内負徵
七日律四寸八分小分六微强
準四尺八寸萬一千九百六十六
期保九萬四千三百八十八

上生物應期保爲宮質末商物應徵
八日律四寸七分小分九半强
準四尺七寸萬八千七百七十九
應鍾九萬三千三百一十二
上生㽔賓應鍾爲宮大呂商㽔賓徵
一日律四寸七分小分四微强
準四尺七寸八千十九
分烏九萬三千一百一十六
上生南事分烏窮次無徵不爲宮
七日律四寸七分小分三微强
準四尺七寸六千五十九
遲內九萬二千五十六

上生盛變遲內爲宮分否商盛變徵
八日律四寸六分小分八弱
準四尺六寸萬五千一百四十二
未育九萬八百一十七
上生離宮未育爲宮凌陰商離宮徵
八日律四寸六分小分一少强
準四尺六寸二千七百五十二
遲時八萬九千五百九十五
上生制時遲時爲宮少出商制時徵
六日律四寸五分小分五强
準四尺五寸萬二百一十五
截管爲律吹㠯考聲列㠯物氣道之本也前書注曰章帝時零陵文學奚景於泠道縣舜祠下得白玉琯古以

玉爲琯術家㠯其聲微而體難知其分數不明故作準㠯代之準之聲明暢易達分寸又麤然弦㠯緩急清濁非管無㠯正也均其中弦令與黃鍾相得案畫㠯求諸律無不如數而應者矣音聲精微綜之者解元和元年待詔候鍾律殷肜上言官無曉六十律㠯準調音者故待詔嚴崇具㠯準法教子男宣宣通習願召宣補學官主調樂器詔曰崇子學審曉律別其族協其聲者審試不得依託父學㠯聾爲聰聲微妙獨非莫知獨是莫曉㠯律錯吹能知命十二律不失一方爲能傳崇學耳太史丞弘試十二律其二中其四不中其六不知何律宣遂罷自此律家莫能爲準施弦候部莫知復見

薛瑩書曰上以太常樂丞鮑鄴等上樂事下車騎將軍馬防防奏言建初二年七月鄴上言王者飲食必道須四時五味故有食舉之樂所以順天地養神明求福應也移風易俗莫善於樂樂者天地之和不可久廢今官樂但有太蔟皆不應月律可作十二月均各應其月氣乃能感天地和氣宜應明帝始令靈臺六律候而未設其門樂經曰十二月行之所以宣氣豐物也月開斗建之門而奏歌其律誠宜施行願與待詔嚴崇及能作樂器者共作治考工給所當詔下太常太常上言作樂器直錢百四十六萬請太僕作成上奏寑今明詔下臣防臣輒問鄴及待詔知

音律者皆言聖人作樂所以宣氣致和順陰陽也臣愚以爲可順上天之明待因歲首令正發太蔟之律奏雅頌之音以立太平以迎和氣其條貫甚備詔書以防言下三公熹平六年東觀召典律者太子舍人張光等問準意光等不知歸閱舊藏乃得其器形制如房書猶不能定其弦緩急音不可書以曉人知之者欲教而無從心達者體知而無師故史官能辯清濁者遂絶其可以相傳者唯大推常數及候氣而已夫五音生於陰陽分爲十二律轉生六十皆所以紀斗氣效物類也天效以景地效以響卽律也陰陽和則景至律氣應則灰除是故天子常以日冬夏至御前殿合八能之士陳八音聽樂均度晷景候鍾律權土炭效陰陽冬至陽氣應則樂均清景長極黃鍾通土炭輕而衡仰夏至陰氣應則樂均濁景短極蕤賓通土炭重而衡低淮南子曰水勝故夏至濕火勝故冬至燥燥故炭輕濕故炭重進退於先後五日之中八能各以候狀聞太史封上效則和否則占易緯曰冬至人主不出宮寢兵從樂五日擊黃鍾之磬公卿大夫列士之意得則陰陽之晷如度數夏至之日如冬至之禮冬至之日樹八尺之表日中視其晷晷如度

者其歲美人民和順晷不如度者則歲惡人民多譌言政令爲之不平晷進則水晷退則旱進一尺則日食退一尺則月食月食則正臣下之行日食則正人主之道

候氣之法爲室三重戶閉塗釁必周密布緹縵室中以木爲案每律各一內庳外高從其方位加律其上以葭莩灰抑其內端葭莩出河內案律而候之氣至者灰動其爲氣所動者其灰散人及風所動者其灰聚殿中候用玉律十二惟二至乃候靈臺用竹律六十候日如其律月令章句曰古之爲鍾律者以耳齊其聲後不能則假數以正其度度數正則音亦正矣鍾以斤兩尺寸中所容受升斗之數爲法律亦以寸分長短爲度故曰黃鍾之管長九寸徑三分圍九分其餘皆稍短惟大小圍數無增減以度量者可以文載口傳與衆共知然不如耳決之明也

律曆志上　　續漢志一

金陵書局仿汲古閣本刊

律曆志中

續漢志二

賈逵論曆　永元論曆　延光論曆　漢安論曆　熹平論曆　論月食

梁劉昭注補

自太初元年始用三統曆，施行百有餘年，曆稍後天，朔先於曆，朔或在晦，月或朔見。考其行，日有退無進，月有進無退。建武八年，太僕朱浮、大中大夫許淑等數上書，言曆不正，宜當改更。時分度覺差尙微，上以天下初定，未遑考正。至永平五年，官曆署七月十六日月食。待詔楊岑見時月食多先曆，即縮用筭上爲日，上言月當十五日食，官曆不中。詔書令岑普與官課。起七月，盡十一月，弦望凡五，官曆皆失，岑皆中。庚寅，詔令岑署弦望月食官，復令待詔張盛、景防、鮑鄴等以四分法與岑課。歲餘，盛等所中多岑六事。十二年十一月丙子，詔書令盛、防代岑署弦望月食加時。四分之術始頗施行。是時盛、防等未能分明曆元，綜校分度，故但用其弦望而已。先是九年太史待詔董萌上言曆不正事下三公太常知曆者雜議訖十年四月無能分明據者至元和二年太初失天益遠日月宿度相覺浸多而候者皆知冬至之日日在斗二十一度未至牽牛五度而以爲牽牛中星從天四分日之三晦朔弦望差天一日宿差五度章帝知其謬錯以問史官雖知不合而不能易故召治曆編訢李梵等綜校其狀蔡邕議云梵清河人二月甲寅遂下詔曰朕聞古先聖王先天而天不違後天而奉天時河圖曰赤九會昌十世以光十一以興又曰九名之世帝行德封刻政朕以不德奉承大業夙夜祗畏不敢荒寧予末小子託在於數終曷以續興崇弘祖宗拯濟元元尚書璇璣鈐曰述堯世放唐文帝命驗曰堯考德題期立象且三五步驟優劣殊軌況乎頑陋無以克堪雖欲從之末由也已每見圖書中心恧焉閒者以來政治不得陰陽不和災異不息癘疫

之氣流傷於牛農本不播夫庶徵休咎五事之應咸在朕躬信有闕矣將何以補之書曰惟先假王正厥事又曰歲二月東巡狩至岱宗柴望秩于山川遂覲東后叶時月正日祖堯岱宗同律度量考在璣衡以正曆象庶乎有益春秋保乾圖曰三百年斗曆改憲史官用太初鄧平術有餘分一在三百年之域行度轉差寖以謬錯琁璣不正文象不稽冬至之日日在斗二十一度而曆以爲牽牛中星先立春一日則四分數之立春日也以折獄斷大刑於氣已迕用望平和隨時之義蓋亦遠矣今改行四分以遵於堯以順孔聖奉天之文冀百君子越有民同心敬授獲咸喜以明予祖之遺功於是四分施行而訢梵猶以爲元首十一月當先大欲以合耦弦望命有常日而十九歲不得七閏晦朔失實行之未期章帝復發聖思考之經讖使左中郎將賈逵問治曆者衞承李崇太尉

屬梁鮪司徒嚴朂太子舍人徐震鉅鹿公乘蘇統及訢梵等十八
㠯爲月當先小據春秋經書朔不書晦者朔必有晦朔不必在
其月也卽先大則一月再朔後月無朔是朔不可必梵等㠯爲當
先大無文正驗取欲諧耦十六日月朓昏晦當滅而已又晦與合朔
同時不得異日又上知訢梵穴見勑毋拘曆已班天元始起之月
當小定後年曆數遂正永元中復令史官㠯九道法候弦望驗無
有差跌逵論集狀後之議者用得折衷故詳錄焉
逵論曰太初曆冬至日在牽牛初者牽牛中星也古黃帝夏殷周
魯冬至日在建星建星卽今斗星也太初曆斗二十六度三百八
十五分牽牛八度案行事史官注冬夏至日常不及太初曆五度
冬至日在斗二十一度四分度之一石氏星經曰黃道規牽牛初
直斗二十度去極二十五度於赤道斗二十一度也四分法與行

事候注天度相應尚書考靈曜斗二十二度無餘分冬至在牽牛所起又編訢等據今日所在牽牛中星五度於斗二十一度四分一與考靈曜相近卽以明事元和二年八月詔書曰石不可離令兩候上得算多者太史令玄等候元和二年至永元元年五歲中課日行及冬夏至斗二十一度四分一合古曆建星考靈曜日所起其星閒距度皆如石氏故事他術以爲冬至日在牽牛初者自此遂黜也逵論曰以太初曆考漢元盡太初元年日食二十三事其十七得朔四得晦二得二日新曆七得朔十四得晦二得二日以太初曆考太初元年盡更始二年二十四事十得晦以新曆十六得朔七得二日一得晦以太初曆考建武元年盡永元元年二十三事五得朔十八得晦以新曆十七得朔三得晦三得二日又以新曆上考春秋中有日食者二十四事失不中者二十三事天

道參差不齊必有餘餘又有長短不可以等齊治曆者方以七十六歲斷之則餘分稍長稍得一日故易金火相革之卦象曰君子以治曆明時又曰湯武革命順乎天應乎人言聖人必曆象日月星辰明數不可貫數千萬歲其間必改更先距求度數取合日月星辰所在而已故求度數取合日月星辰有異世之術太初曆不能下通於今新曆不能上得漢元一家曆法必在三百年之間故讖文曰三百年斗曆改憲漢興當用太初而不改下至太初元年百二歲乃改故其前有先晦一日合朔下至成哀以二日爲朔故合朔多在晦此其明效也逵論曰臣前上傅安等用黃道度日月弦望多近史官一以赤道度之不與日月同於今曆弦望至差一日以上輒奏以爲變至以爲日卻縮退行於黃道自得行度不爲變願請太史官日月宿簿及星度課與待詔星象考校奏可臣謹

案前對言冬至日去極一百一十五度夏至日去極六十七度春秋分日去極九十一度洪範日月之行則有冬夏五紀論日月循黃道南至牽牛北至東井率日日行一度月行十三度十九分度七也今史官一以赤道爲度不與日月行同其斗牽牛輿鬼赤道得十五而黃道得十三度半行東壁奎婁軫角亢赤道七度黃道八度或月行多而日月相去反少謂之日却案黃道值牽牛出赤道南二十五度其直東井輿鬼出赤道北二十五度赤道者爲中天去極俱九十度非日月道而以遙準度日月失其實行故也以令太史官候注考元和二年九月已來月行牽牛東井四十九事無行十一度者行婁角三十七事無行十五六度者如安言問典星待詔姚崇井畢等十二人皆曰星圖有規法日月實從黃道官無其器不知施行案甘露二年大司農中丞耿壽昌奏以圖儀度日月

行考驗天運狀日月行至牽牛東井日過度月行十五度至婁角日行一度月行十三度赤道使然此前世所共知也如言黃道有驗合天日無前却弦望不差一日比用赤道密近宜施用上中多臣校案逵論永元四年也至十五年七月甲辰詔書造太史黃道銅儀㠯角爲十三度亢十氐十六房五心五尾十八箕十斗二十四四分度之一牽牛七須女十一虛十危十六營室十八東壁十奎十七婁十二胃十五昴十二畢十六觜三參八東井三十輿鬼四柳十四星七張十七翼十九軫十八凡三百六十五度四分度之一冬至日在斗十九度四分度之一史官㠯部日月行參弦望雖密近而不爲注日儀黃道與度轉運難㠯候是㠯少循其事逵論曰又今史官推合朔弦望月食加時率多不中在於不知月行遲疾意永平中詔書令故太史待詔張隆㠯四分法署弦望月食

加時隆言能用易九六七八爻知月行多少今案隆所署多失臣使隆逆推前手所署不應或異日不中天乃益遠至十餘度梵統㠯史官候注考校月行當有遲疾不必在牽牛東井婁角之閒又非所謂朓側匿乃由月所行道有遠近出入所生率一月移故所疾處三度九歲九道一復凡九章百七十一歲復十一月合朔旦冬至合春秋三統九道終數可㠯知合朔弦望月食加時據官注天度爲分率㠯其術法上考建武㠯來月食凡三十八事差密近有益宜課試上案史官舊有九道術廢而不修熹平中故治曆郎梁國宗整上九道術詔書下太史㠯參舊術相應部太子舍人馮恂課校恂亦復作九道術增損其分與整術並校差爲近太史令颺上㠯恂術參弦望然而加時猶復先後天遠則十餘度杜預長曆曰書稱朞三百六旬有六日以閏月定四時成歲允釐百工庶績咸熙是以天子必置日官諸侯必置日御世修其業以考其術舉全數而言故曰六日其實五日四分之一日日行一度而月日行十三度

十九分度之有畸日官當會集此之遲疾以考成晦朔錯綜以設閏月閏月無中氣而北斗邪指兩辰之間所以異於他月也積此以相通四時八節無違乃得成歲其微密至矣得其精微以合天道事敘而不悖故傳曰閏以正時時以作事事以厚生生民之道於是乎在然陰陽之運隨動而差差而不已遂與曆錯故仲尼丘明每於朔閏發文蓋矯正得失因以宣明曆數也桓十七年日食得朔而史闕其日單書朔僖十五年日食而史闕朔與日故傳因其得失並起時史之謬兼以明其餘日食或曆失其正也莊二十五年經書六月辛未朔日有食之鼓用牲于社周之六月夏之四月所謂正陽之月也而時曆誤實是七月之朔非六月故傳云非常也唯正月之朔慝未作日有食之於是乎有用幣于社伐鼓于朝此非用幣伐鼓常月因變而起曆誤也文十五年經文皆同而更復發傳曰非禮明前傳欲以審正陽之月後傳發例欲以明諸侯之禮也此乃聖賢之微旨先儒所未喻也昭十七年夏六月日有食之而平子言非正陽之月以誣一朝近於指鹿爲馬故傳曰不君君且因以明此月爲得天正也劉子駿造三統曆以修春秋春秋日食有甲乙者三十四而三統曆唯一食曆術比諸家既最疎又六十餘歲輒益一日凡歲當累日爲次而無故益之此不可行之甚者班固前代名儒而謂之最密非徒班固也自古以來諸論春秋者多述謬誤或造家術或用黃帝以來諸曆以推經傳朔日皆不得諸合日食於朔此乃天驗經傳又書其朔食可謂得天而劉賈諸儒說皆以爲月二日或三日公違聖人明文其蔽在於守一元不與天消息也余感春秋之事嘗著曆論極言曆之通理其大指曰天行不息日月星辰各運其舍皆動物也物動則不一雖行度大量可得而限累日爲月以新故相序不得不有毫毛之差此自然理也故春秋日有頻月而食者曠年不食者理不得一而算守恒數故曆無不有差失也始失於毫毛而尚未可覺積而成多以失弦望朔晦則不得不改憲以從之書所謂欽若昊天曆象日月星辰易所謂治曆明時言當順天以求合非爲合以驗天者也推此論之春秋二百餘年其治曆變通多矣雖數術絕滅還尋經傳微旨大量可知時之違謬則經傳有驗學者固當曲循經傳月日日之食以考朔晦也以推時驗而皆不然各據其學以推春秋此無異度己之跡而欲削他人之足也余爲曆論之後至咸寧中善算李修夏顯依論體爲術名乾度曆表上朝廷其術合日行四分之數而微增月行用三百歲改憲之意二元相推七十餘歲承以强弱强弱之差蓋少而適

足以遠通盈縮時尚書及史官以乾度與泰始曆參校古今記注乾度曆殊勝今其術具存時又幷考古今十曆以驗春秋知三統曆之最疏也今具列其得失之數又據經傳微旨考日辰朔晦以相發明爲經傳長曆諸經傳證據及失閏違時文字謬誤皆甄發之雖未必其得天蓋是春秋當時之曆也學者覽焉

永元十四年待詔太史霍融上言官漏刻率九日增減一刻不與天相應或時差至二刻半不如夏曆密詔書下太常令史官與融以儀校天課度遠近太史令舒承梵等對案官所施漏法令甲第六常符漏品孝宣皇帝三年十二月乙酉下建武十年二月壬午詔書施行漏刻以日長短爲數率日南北二度四分而增減一刻一氣俱十五日日去極各有多少今官漏率九日移一刻不隨日進退夏曆漏隨日南北爲長短密近於官漏分明可施行其年十一月甲寅詔曰告司徒司空漏所以節時分定昏明昏明長短起於日去極遠近日道周圜不可以計率分當據儀度下參晷景今官漏以計率分昏明九日增減一刻違失其實至爲疏數以耦法太

史待詔霍融上言不與天相應太常史官運儀下水官漏失天者至三刻以晷景爲刻少所違失密近有驗今下晷景漏刻四十八箭立成斧官府當用者計吏到班予四十八箭文多故魁取二十四氣日所在幷黃道去極晷景漏刻昏明中星刻于下

昔太初曆之興也發謀於元封啟定於天鳳積百三十年是非乃審及用四分亦於建武施於元和訖於永元七十餘年然後儀式備立司候有準天事幽微若此其難也中興以來圖讖漏泄而考靈曜命曆序皆有甲寅元其所起在四分庚申元後百一十四歲朔差卻二日學士修之於草澤信向以爲得正及太初曆以後天爲疾而修之者云百四十四歲而太歲超一辰百七十一歲當棄朔餘六十三中餘千一百九十七乃可常行自太初元年至永平十一年百七十一當去分而不去故令益有疏闊此二家常挾其術庶幾施行每有

訟者百寮會議羣儒騁思論之有方益於多聞識之故詳錄焉
安帝延光二年中謁者亶誦言當用甲寅元河南梁豐言當復用
太初尚書郎張衡周興皆能曆數難誦豐或不對或言失誤衡興
參案儀注者考往校今以為九道法最密詔書下公卿詳議太尉
愷等上侍中施延等議太初過天日一度弦望失正月以晦見西
方食不與天相應元和改從四分四分雖密於太初復不正皆不
可用甲寅元與天相應合圖讖可施行博士黃廣大行令任僉議
如九道河南尹祉太子舍人李泓等四十人議郎用甲寅元當除
元命苞天地開闢獲麟中百一十四歲推閏月六直其日或朔晦
弦望二十四氣宿度不相應者非一用九道為朔月有比三大二
小皆疏遠元和變曆以應保乾圖三百歲斗曆改憲之文四分曆
本起圖讖最得其正不宜易愷等八十四人議宜從太初尚書令

忠上奏諸從太初者皆無他效驗徒以世宗攘夷廓境享國久長爲辭或云孝章改四分災異卒甚未有善應臣伏惟聖王興起各異正朔以通三統漢祖受命因秦之紀十月爲年首閏常在歲後不稽先代違於帝典太宗遵修三階以平黃龍以至刑犴以錯五是以備洪範庶徵曰雨曰暘曰燠曰寒曰風五是來備各以其敘哀平之際同承太初而妖孽累仍痾禍非一議者不以成數相參考眞求實而汎采妄說歸福太初致咎四分太初曆衆賢所立是非已定永平不審復革其弦望四分有謬不可施行元和鳳鳥不當應曆而翔集遠嘉前造則表其休近譏後改則隱其福漏見曲論未可爲是臣輒復重難衡興以爲五紀論推步行度當時比諸術爲近然猶未稽於古及向子歆欲以合春秋橫斷年數損夏益周考之表紀差謬數百兩曆相課六千一百五十六歲而太初多一日冬至日直斗而云在牽牛迂闊

不可復用昭然如此史官所共見非獨衡興前㠯爲九道密近今議者㠯爲有闕及甲寅元復多違失皆未可取正昔仲尼順假馬之名㠯崇君之義況天之曆數不可任疑從虛㠯非易是上納其言遂寢改曆事

順帝漢安二年尚書侍郎邊韶上言世微於數虧道盛於得常數虧則物衰得常則國昌孝武皇帝攄發聖思因元封七年十一月甲子朔旦冬至乃詔太史令司馬遷治曆鄧平等更建太初改元易朔行夏之正乾鑿度八十一分日之四十三爲月法設清臺之候驗六異課效觕密太初爲最其後劉歆研幾極深驗之春秋參㠯易道㠯河圖帝覽嬉雒書甄曜度推廣九道百七十一歲進退六十三分百四十四歲一超次與天相應少有闕謬從太初至永平十一年百七十一歲進退餘分六十三治曆者不知處之推得十二度

弦望不效挾廢術者得竄其說至元和二年小終之數寖過餘分稍增月不用晦朔而先見孝章皇帝㠯保乾圖三百年斗曆改憲就用四分㠯太白復樞甲子爲癸亥引天從算耦之目前更㠯庚申爲元既無明文託之於獲麟之歲又不與感精符單閼之歲同史官相代因成習疑少能鉤深致遠案弦望足㠯知之詔書下三公百官雜議太史令虞恭治曆宗訢等議建曆之本必先立元元正然後定日法法定然後度周天㠯定分至三者有程則曆可成也四分曆仲紀之元起於孝文皇帝後元三年歲在庚辰上四十五歲歲在乙未則漢興元年也又上二百七十五歲歲在庚申則孔子獲麟二百七十六萬歲尋之上行復得庚申歲歲相承從下尋上其執不誤此四分曆元明文圖讖所著也太初元年歲在丁丑上極其元當在庚戌而曰丙子言百四十四歲超一辰凡九百

九十三超歲有空行八十二周有奇乃得丙丁案歲所超於天元十一月甲子朔旦冬至日月俱超日行一度積三百六十五度四分度一而周天一匝名曰歲歲從一辰日不得空周天則歲無由超辰案百七十一歲二蔀一章小餘六十三自然之數也夫數出於秒曶㠯成毫釐毫釐積累㠯成分寸兩儀既定日月始離初行生分積分成度日行一度一歲而周故爲術者各生度法或㠯九百四十或㠯八十一法有細觕㠯生兩科其歸一也日法者日之所行分也日垂令明行有常節日法所該通遠無已損益毫釐差㠯千里自此言之數無緣得有虧棄之意也今欲飾平之失斷法垂分恐傷大道㠯步日月行度終數不同四章更不得朔餘一雖言九道去課進退恐不足㠯補其闕且課曆之法晦朔變弦㠯月食天驗昭著莫大焉今㠯去六十三分之法爲曆驗章和元年㠯來

日變二十事（案五行志章和元年訖漢安二年日變二十三事古今注又長一）月食二十八事與四分曆更迭定課相除四分尚得多而又便近孝章皇帝曆度審正圖儀晷漏與天相應不可復尚文曜鉤曰高辛受命重黎説文唐堯即位羲和立渾夏后制德昆吾列神成周改號萇弘分官運斗樞曰常占有經世史所明洪範五紀論曰民間亦有黃帝諸曆不如史官記之明也自古及今聖帝明王莫不取言於羲和常占之官定精微於晷儀正衆疑祕藏中書改行四分之原及光武皇帝數下詔書草創其端孝明皇帝課校其實孝章皇帝宣行其法君更三聖年歷數十信而徵之舉而行之其元則上統開闢其數則復古四分宜如甲寅詔書故事奏可

靈帝熹平四年五官郎中馮光沛相上計掾陳晃言曆元不正故妖民叛寇益州盜賊相續爲曆用甲寅爲元而用庚申圖緯無已

庚申爲元者近秦所用代周之元太史治曆郎中郭香劉固意造妄說乙與本庚申元經緯有明受虛欺重誅乙卯詔書下三府與儒林明道者詳議務得道眞㠯羣臣會司徒府議蔡邕集載三月九日百官會府公殿下東面校尉南面侍中郎將大夫千石六百石重行北面議郎博士西面戶曹令史當坐中而讀詔書公議蔡邕前坐侍中西北近公卿與光晃相難問是非焉議郎蔡邕議㠯爲曆數精微去聖久遠得失更造術術無常是㠯承秦曆用顓頊元用乙卯蔡邕月令論曰顓頊曆術曰天元正月己巳朔旦立春俱㠯日月起於天廟營室五度今月令孟春之月日在營室百有二歲孝武皇帝始改正朔曆用太初元用丁丑行之百八十九歲孝章皇帝改從四分元用庚申今光晃各㠯庚申爲非甲寅爲是案曆法皇帝顓頊夏殷周魯凡六家各自有元光晃所據則殷曆元也他元雖不明於圖讖各家術皆當有效於其當時武帝始用太初丁丑之元有六家紛錯爭訟是非太史令張壽王挾甲寅元㠯非漢曆雜候淸臺課在下第卒㠯疏闊連見劾奏太初效驗無所漏失是

則雖非圖讖之元而有效於前者也及用四分㠯來考之行度密於太初是又新元效於今者也延光元年中謁者亶誦亦非四分庚申上言當用命厤序甲寅元公卿百寮參議正處竟不施行且三光之行遲速進退不必若一術家㠯筭追而求之取合於當時而已故有古今之術今之不能上通於古亦猶古術之不能下通於今也元命苞乾鑿度皆㠯爲開闢至獲麟二百七十六萬歲及命厤序積獲麟至漢起庚午蔀之二十三歲竟己酉戊子及丁卯蔀六十九歲合爲二百七十五歲漢元年歲在乙未上至獲麟則歲在庚申推此㠯上上極開闢則元在庚申讖雖無文其數見存而光晃㠯爲開闢至獲麟二百七十五萬九千八百八十六歲獲麟至漢百六十二歲轉差少一百一十四歲云當滿足則上違乾鑿度元命苞中使獲麟不得在哀公十四年下不及命厤序獲麟至

漢相去四部年數與奏記譜注不相應當今曆正月癸亥朔光晃吕爲乙丑朔乙丑之與癸亥無題勒款識可與衆共別者須吕弦望朔晦光魄虧滿可得而見者考其符驗而光晃曆吕考靈曜二十八宿度數及冬至日所在與今史官甘石舊文錯異不可考校吕今渾天圖儀檢天文亦不合於考靈曜光晃誠能自依其術更造望儀吕追天度遠有驗於圖書近有效於三光可吕易奪甘石窮服諸術者實宜用之難問光晃但言圖讖所言不服元和二年二月甲寅制書曰朕聞古先聖王先天而天不違後天而奉天時史官用太初鄧平術冬至之日日在斗二十二度而曆吕爲牽牛中星先立春一日則四分數之立春也而吕折獄斷大刑於氣已迕用望平和蓋亦遠矣今改行四分吕遵於堯吕順孔聖奉天之文是始用四分曆庚申元之詔也深引河洛圖讖吕爲符驗非史

官私意獨所興構而光晃以爲固意造妄說違反經文謬之甚者昔堯命羲和曆象日月星辰舜叶時月正日湯武革命治曆明時可謂正矣且猶遇水遭旱戒以蠻夷猾夏寇賊姦宄而光晃以爲陰陽不和姦臣盜賊皆元之咎誠非其理元和二年乃用庚申至今九十二歲而光晃言秦所用代周之元不知從秦來漢三易元不常庚申光晃區區信用所學亦妄虛無造欺語之愆至於改朔易元往者壽王之術已課不效亶誦之議不用元和詔書文備義著非羣臣議者所能變易太尉耽司徒隗司空訓以邕議劾光晃不敬正鬼薪法詔書勿治罪臣昭曰不有君子其能國乎觀蔡邕之議可以言天機矣賢明在朝弘益遠哉公卿結正足懲淺妄之徒詔書勿治亦深盍各之致

太初曆推月食多失四分因太初法以河平癸巳爲元施行五年永元元年天以七月後閏食術以八月其十二年正月十二日蒙

公乘宗紺上書言今月十六日月當食而曆以二月至期如紺言太史令巡上紺有益官用除待詔甲辰詔書以紺法署施行四十六歲至本初元年天以十二月食曆以後年正月於是始差到熹平三年二十九年之中先曆食者十六事常山長史劉洪上作七曜術甲辰詔屬太史部郎中劉固舍人馮恂等課效復作八元術固等作月食術並已相參固術與七曜術同月食所失皆以歲在己未當食四月恂術以三月官曆以五月太史上課到時施行中者丁巳詔書報可其四年紺孫誠上書言受紺法術當復改今年十二月當食而官曆以後年正月到期如言拜誠爲舍人丙申詔書聽行誠法光和二年歲在己未三月五月皆陰太史令修部舍人張恂等推計行度以爲三月近四月遠誠以四月奏廢誠術施用恂術其三年誠兄整前後上書言去年三月不食當以四月史

續漢志二　七

官廢誠正術用恂不正術整所上正屬太史太史主者終不自言三月近四月遠食當㠯見爲正無遠近詔書下太常其詳案注記平議術之要效驗虛實太常就耽上選侍中韓說博士蔡較穀城門候劉洪右郎中陳調於太常府覆校注記平議難問恂誠各對恂術㠯五千六百四十月有九百六十一食爲法而除成分空加縣法推建武㠯來俱得三百二十七食其十五食錯案其官素注天見食九十八與兩術相應其錯辟二千一百誠術㠯百三十五月二十三食爲法乘除成月從建康㠯上減四十一建康㠯來減三十五㠯其俱不食恂術改易舊法誠術中復減損論其長短無㠯相踰各引書緯自證文無義要取追天而已夫日月之術日循黃道月從九道㠯赤道儀日冬至去極俱一百一十五度其入宿也赤道在斗二十一而黃道在斗十九兩儀相參日月之行曲直

有差㠯生進退故月行井牛十四度㠯上其在角婁十二度㠯上皆不應卒不行㠯是言之則術不差不改不驗不用天道精微度數難定術法多端曆紀非一未驗無㠯知其是未差無㠯知其失失然後改之是然後用之此謂允執其中今誠術未有差錯之謬恂術未有獨中之異㠯無驗改未失是㠯檢將來爲是者也誠術百三十五月月二十三食其文在書籍學者所修施行日久官守其業經緯日月厚而未愆信於天文述而不作恂久在候部詳心善意能揆儀度定立術數推前校往亦與見食相應然協曆正紀欽若昊天宜率舊章如甲辰丙申詔書㠯見食爲比今宜施用誠術棄放恂術史官課之後有效驗乃行其法㠯審術數㠯順改易耽㠯說等議奏聞詔書可恂整誠各復上書恂言不當施誠術整言不當復棄恂術爲洪議所侵事下永安臺覆實皆不如恂誠等

言劾奏謾欺詔書報恂誠各㠯二月奉贖罪整適作左校二月遂用洪等施行誠術光和二年萬年公乘王漢上月食注自章和元年到今年凡九十三歲合百九十六食與官曆河平元年月錯㠯己巳爲元事下太史令修上言漢所作注不與見食相應者二事㠯同爲異者二十九事尚書召穀城門候劉洪勑曰前郎中馮光司徒掾陳晃各訟曆故議郎蔡邕共補續其志今洪其詣修與漢相參推元課分考校月食審己巳元密近有師法洪便從漢受不能對洪上言推漢己巳元則考靈曜旃蒙之歲乙卯元也與光晃甲寅元相經緯於㠯追天作曆校三光之步今爲疏闊孔子緯一事見二端者明曆興廢隨天爲節甲寅曆於孔子時效己巳顓項秦所施用漢興草創因而不易至元封中迂闊不審更用太初應期三百改憲之節甲寅己巳讖雖有文略其年數是㠯學人各

傳所聞至於課校罔得厥正夫甲寅元天正正月甲子朔旦冬至七曜之起始於牛初乙卯之元人正己巳朔旦立春三光聚天廟五度課兩元端閏餘差百五十二分之三十二朔三百四中節之餘二十九以效信難聚漢不解說但言先人有書而已以漢成注參官施行術不同二十九事不中見食二事案漢習書見己巳元謂朝不聞不知聖人獨有興廢之義史官有附天密術甲寅己巳前以施行效後格而不用河平疏闊史官已廢之而漢以去事分爭殆非其意雖有師法與無同課又不近密其說蔀數術家所共知無所采取遣漢歸鄉里袁山松書曰劉洪字元卓泰山蒙陰人魯王之宗室也延熹中以校尉應太史徵拜郎中遷常山長史以父憂去官後爲上計掾拜郎中檢東觀著作律曆記遷謁者穀城門候會稽東部都尉徵還未至領山陽太守卒官洪善算當世無偶作七曜術及在東觀與蔡邕共述律曆記考驗天官及造乾象術十餘年考驗日月與象相應皆傳于世博物記曰洪篤信好學觀乎六蓺羣書意以爲天文數術探賾索隱鉤深致遠遂專心鋭思爲曲城侯相政教清均吏民畏而愛之爲州郡之所禮異

律曆志中

律曆志下

曆法

續漢志三

梁劉昭注補

昔者聖人之作曆也觀璇璣之運三光之行道之發斂景之長短斗綱之建青龍所躔參伍㠯變錯綜其數而制術焉天之動也一晝一夜而運過周星從天而西日違天而東日之所行與運周在天成度在曆成日居㠯列宿終于四七受㠯甲乙終于六旬日月相推日舒月速當其同謂之合朔舒先速後近一遠三謂之弦相與爲衡分天之中謂之望㠯速及舒光盡體伏謂之晦晦朔合離斗建移辰謂之月日月之行則有冬有夏冬夏之間則有春有秋是故日行北陸謂之冬西陸謂之春南陸謂之夏東陸謂之秋日道發南去極彌遠其景彌長遠長乃極冬乃至焉日道斂北去極彌近其景彌短近短乃極夏乃至焉二至之中道齊景正春秋分焉

日周于天一寒一暑四時備成萬物畢改攝提遷次青龍移辰謂之歲歲首至也月首朔也至朔同日謂之章同在日首謂之蔀蔀終六旬謂之紀歲朔又復謂之元是故日以實之月以閏之時以分之歲以周之章以明之蔀以部之紀以記之元以原之然後雖有變化萬殊贏朒無方莫不結系于此而稟正焉極建其中道營于外璇衡追日以察發斂光道生焉孔壺爲漏浮箭爲刻下漏數刻以考中星昏明生焉日有光道月有九行九行出入而交生焉朔會望衡鄰於所交虧薄生焉月有晦朔星有合見月有弦望星有留逆其歸一也步術生焉金水承陽先後日下速則先日遲而後留留而後逆逆與日違違而後速速與日競競又先日遲速順逆晨夕生焉日月五緯各有終原而七元生焉見伏有日留行有度而率數生焉參差齊之多少均之會終生焉引而伸之觸而長之

探賾索隱，鉤深致遠，無幽辟潛伏而不㠯其精者然。故陰陽有分，寒暑有節，天地貞觀，日月貞明。若夫祐術開業，淳燿天光，重黎其上也（顓頊曰重黎）。承聖帝之命，若昊天，典曆象三辰，㠯授民事，立閏定時，㠯成歲功，羲和其隆也（唐虞夏商曰羲和）。取象金火，革命創制，治曆明時，應天順民，湯武其盛也（月令章句曰帝舜叶時月正日湯武革命治曆明時言承平者叶之承亂者革之）。及王德之衰也，無道之君亂之於上，頑愚之史失之於下。夏后之時，羲和淫湎，廢時亂日，胥乃征之。紂作淫虐，喪其甲子，武王誅之。夫能貞而明之者，其興也勃焉；回而敗之者，其亡也忽焉。巍巍乎若道天地之綱紀，帝王之壯事，是㠯聖人寶焉，君子勤之。夫曆有聖人之德六焉：㠯本氣者尚其體，㠯綜數者尚其文，㠯考類者尚其象，㠯作事者尚其時，㠯占往者尚其源，㠯知來者尚其流。大業載之，吉凶生焉，是㠯君子將有興焉，咨焉而㠯從事，受命而莫之違也。若夫用天因地揆時施教頒諸明堂㠯為民極者莫大乎月令帝王之大司備矣天下之能事畢矣過此而往羣忌苟禁君子未之或知也斗之二十一度去極至遠也日在焉而冬至羣物於是乎生故律首黃鍾曆始冬至月先建子時平夜半當漢高皇帝受命四十有五歲陽在上章陰在執徐冬十有一月甲子夜半朔旦冬至日月閏積之數皆自此始立元正朔謂之漢曆又上兩元而月食五星之元並發端焉曆數之生也乃立儀表㠯校日景景長則日遠天度之端也日發其端周而為歲然其景不復四周千四百六十一日而景復初是則日行之終㠯周除日得三百六十五四分度之一為歲之日數日日行一度亦為天度察日月俱發度端（即是起舍合朔）日行十九周月行二百五十四周復會于端是則月行之終也㠯日周除月周得一歲周天之數㠯日一周減之餘十二十九分之七則

月行過周及日行之數也爲一歲之月以除一歲日爲一月之數月之餘分積滿其法得一月月成則其歲大月四時推移故置十二中以定月位有朔而無中者爲閏月中之始曰節與中爲二十四氣以除一歲日爲一氣之日數也其分積而成日爲沒并歲氣之分如法爲一歲沒沒分終于中中終于冬至冬至之分積如其法得一日四歲而終月分成閏閏七而盡其歲十九名之曰章章首分盡四之俱終名之曰蔀以一歲日乘之爲蔀之日數也以甲子命之二十而復其初是以二十蔀爲紀紀歲青龍未終三終歲後復青龍爲元

元法四千五百六十樂叶圖徵曰天元以甲子朔旦冬至日月起于牽牛之初右行二十八宿以考王者終始或盡一其歷數或不能盡一以四千五百六十爲紀甲寅窮宋均曰紀卽元也四千五百六十者五行相代一終之大數也王者卽位或遇其統或不盡其數故一元以四千五百六十爲甲寅之終也王者起必易元故不復沿前而終言之也韓子曰四千五百六十歲爲一元元中有厄故聖人有九歲之畜以備之也紀法千五百二十月令章句曰紀還復故曆紀月

萬八千八百　蔀法七十六月令章句曰七十六歲爲蔀首　蔀月九百四十　章法十九　章月二百三十五月令章句曰十九歲七閏月爲一章　周天千四百六十一　日法四　蔀日二萬七千七百五十九　沒數二十一爲章閏　通法四百八十七　沒法七因爲章閏　日餘百六十八　中法三十二　大周三十四萬三千三百三十五　月周千一十六

月食數之生也乃記月食之既者率二十三食而復既其月百三十五率之相除得五月二十三之二十而一食以除一歲之月得歲有再食五百一十三分之五十五也分終其法因以與蔀相約得四與二十七互之會二千五十二二十而與元會　元會四萬一千四百四十　蔀會二千五十二　歲數五百一十三　食數千八十一　月數百三十五　食法二十三

推入蔀術曰以元法除去上元其餘以紀法除之所得數從天紀

算外則所入紀也不滿紀法者入紀年數也㠯蔀法除之所得數從甲子蔀起算外所入紀歲名命之算上卽所求年太歲所在

推月食所入蔀會年㠯元會除去上元其餘㠯蔀會除之所得㠯二十七乘之滿六十除去之餘㠯二十除所得數從天紀起算之外所㠯入紀不滿二十者數從甲子蔀起算外所入蔀會也其初不滿蔀會者入蔀會年數也各㠯所入紀歲名命之算上卽所求

年蔀

	天紀歲名	地紀歲名	人紀歲名	蔀首
甲子	庚辰	庚子	庚申	一
癸卯	丙申	丙辰	丙子	二
壬午	壬子	壬申	壬辰	三
辛酉	戊辰	戊子	戊申	四

庚子	甲申	甲辰	甲子	五
己卯	庚子	庚申	庚辰	六
戊午	丙辰	丙子	丙申	七
丁酉	壬申	壬辰	壬子	八
丙子	戊子	戊申	戊辰	九
乙卯	甲辰	甲子	甲申	十
甲午	庚申	庚辰	庚子	十一
癸酉	丙子	丙申	丙辰	十二
壬子	壬辰	壬子	壬申	十三
辛卯	戊申	戊辰	戊子	十四
庚午	甲子	甲申	甲辰	十五
己酉	庚辰	庚子	庚申	十六

戊子	丙申	丙辰	丙子	十七
丁卯	壬子	壬申	壬辰	十八
丙午	戊辰	戊子	戊申	十九
乙酉	甲申	甲辰	甲子	二十

推天正術置入部年減一以章月乘之滿章法得一名爲積月不滿爲閏餘十二以上其歲有閏

推天正朔日置入部積月以蔀日乘之滿蔀月得一名爲積日不滿爲小餘積日以六十除去之其餘爲大餘以所入部名命之算盡之外則前年天正十一月朔日也小餘四百四十一以上其月大求後月朔加大餘二十九小餘四百九十九小餘滿蔀月得一上加大餘命之如前

一術以大周乘年周天乘減之餘滿蔀日則天正朔日也

推二十四氣術曰置入蔀年減一以日餘乘之滿中法得一名曰大餘不滿爲小餘大餘滿六十除去之其餘以蔀名命之算盡之外則前年冬至之日也

求次氣加大餘十五小餘七除命之如前小寒日也

推閏月所在以閏餘減章法餘以十二乘之滿章閏數得一滿四以上亦得一算之數從前年十一月起算盡之外閏月也或進退以中氣定之

推弦望日因其月朔大小餘之數皆加大餘七小餘三百五十九四分三小餘滿蔀月得一加大餘大餘命如法得上弦又加得望次下弦又後月朔其弦望小餘二百六十以下每以百刻乘之滿蔀月得一刻不滿其所近節氣夜漏之半者以算上爲日

推沒滅術置入蔀年減一以沒數乘之滿日法得一名爲積沒不

盡爲没餘㠯通法乘積没滿没法得一名爲大餘不盡爲小餘大餘滿六十除去之其餘㠯蔀名命之算盡之外前年冬至前没日也求後没加大餘六十九小餘四小餘滿没法從大餘命之如前無分爲滅

一術㠯十五乘冬至小餘㠯減通法餘滿没法得一則天正後没也

推合朔所在度置入蔀積月㠯蔀日乘之滿大周除去之其餘滿蔀月得一名爲積度不盡爲餘分積度加斗二十一度加二百三十五分㠯宿次除之不滿宿則日月合朔所在星度也求後合朔加度二十九加分四百九十九分滿蔀月得一度經斗除二百三十五分

一術㠯閏餘乘周天㠯減大周餘滿蔀月得一合㠯斗二十一度

四分一則天正合朔日月所在度
推日所在度置入蔀積日之數㠯蔀法乘之滿蔀日除去之其餘滿蔀法得一爲積度不盡爲餘分積度加斗二十一度加十九分㠯宿次除去之則夜半日所在宿度也
求次日加一度求次月大加三十度小加二十九度經斗除十九分一術㠯朔小餘減合朔度分卽日夜半所在其分二百三十五約之十九乘之
推月所在度置入蔀積日之數㠯月周乘之滿蔀日除去之其餘滿蔀法得一爲積度不盡爲餘分積度加斗二十一十九分除如上法則所求之日夜半月所在宿度也
求次日加十三度二十八分求次月大加三十五度六十一分月小二十二度三十三分分滿法得一度經斗除十九分其冬下旬

月在張心署之謂盡漏分後盡漏盡也
一術曰蔀法除朔小餘所得曰減日半度也餘曰減分即月夜半所在度也
推日明所入度分術曰置其月節氣夜漏之數曰蔀法乘之二百除之得一分即夜半到明所行分也曰增夜半日所在度分爲明所在度分也
求昏日所入度曰夜半到明日所行分減蔀法其餘即夜半到昏所行分也曰加夜半所在度分爲昏日所在度也
推月明所入度分術曰置其節氣夜漏之數曰月周乘之曰二百除之爲積分積分滿蔀法得一曰增夜半度即月明所在度也
求昏月所入度曰明積分減月周其餘滿蔀法得一度加夜半則昏月所在度也

推弦望日所入星度術曰置合朔度分之數加七度三百五十九分四分三以宿次除之卽得上弦日所入宿度分也

求望下弦加除如前法小分四從大分滿蔀月從度

推弦望月所入星度術曰置月合朔度分之數加度九十八加分六百五十三半吕宿次除之卽上弦月所入宿度分也

求望下弦加除如前分滿蔀月從度

推月食術曰置入蔀會年數減一吕食數乘之滿歲數得一名曰積食不滿爲食餘吕月數乘積滿食法得一名爲積月不滿爲月餘分積月吕章月除去之其餘爲入章月數當先除入章閏乃吕十二除去之不滿者命吕十一月算盡之外則前年十一月前食月也

求入章閏者置入章月吕章閏乘之滿章月得一則入章閏數也

餘分滿二百二十四㠯上至二百三十一爲食在閏月閏或進退
㠯朔日定之求後食加五月二十分滿法得一月數命之如法其
分盡食筭上
推月食朔日術曰置食積月之數㠯二十九乘之爲積日又㠯四
百九十九乘積月滿蔀月得一㠯并積日㠯六十除之其餘㠯所
會蔀名命之筭盡之外則前年天正前食月朔日也
求食日加大餘十四小餘七百一十九半小餘滿蔀月爲大餘大
餘命如前則食日也
求後食朔及日皆加大餘二十七小餘六百一十五其月餘分不
滿二十者又加大餘二十九小餘四百九十九其食小餘者當㠯
漏刻課之夜漏未盡㠯筭上爲日
一術㠯歲數去上元餘㠯爲積月㠯百一十二乘之滿月數去之

餘滿食法得一則天正後食
推諸加時以十二乘小餘先減如法之半得一時其餘乃以法除之所得算之數從夜半子起算盡之外則所加時也
推諸上水漏刻以百乘其小餘滿其法得一刻不滿法什之滿法得一分積刻先減所入節氣夜漏之半其餘爲晝上水之數過晝漏去之餘爲夜上水數其刻不滿夜漏半者乃減之餘爲昨夜未盡其弦望其日
五星數之生也各記於日與周天度相約而爲率以章法乘周率爲月法章月乘日率如月法爲積月月餘以月之日乘積月爲朔大小餘乘爲入月日餘以日法乘周率爲日度法以周率去日率餘以乘周天如日度法爲積度度餘也日率相約取之得一千九百九十九萬一千六百二十一億五千八百一萬六千三百而五星終如蔀之數與元通

木周率四千三百二十七　日率四千七百二十五　合積月十三　月餘四萬一千六百六　月法八萬二千二百一十三　大餘二十三　小餘八百四十七　虛分九十三　入月日十五　日餘萬四千六百四十一　日度法萬七千三百八　積度三十三　度餘萬三百一十四

火周率八百七十九　日率千八百七十六　合積月二十六　月餘六千六百三十四　月法萬六千七百一　大餘四十七　小餘七百五十四　虛分一百八十六　入月日十二　日餘千八百七十二　日度法三千五百一十六　積度四十九　度餘一百一十四

土周率九千九十六　日率九千四百一十五　合積月十二　月餘十三萬八千六百三十七　月法十七萬二千八百二十四

大餘五十四　小餘三百四十八　虛分五百九十二　入月日二十四　日餘二千一百六十三　日度法三萬六千三百八十四　積度十二　度餘二萬九千四百五十一
金周率五千八百三十　日率四千六百六十一　合積月九
月餘九萬八千四百五　月法十一萬七百七十一　大餘二十五　小餘七百三十一　虛分二百九　入月日二十七　日餘二百八十一　日度法二萬三千三百二十　積度二百九十二　度餘二百八十一
水周率萬一千九百八　日率千八百八十九　合積月一　月餘二十一萬七千六百六十三　月法二十二萬六千二百五十二　大餘二十九　小餘四百九十九　虛分四百四十一　入月日二十八　日餘四萬四千八百五　日度法四萬七千六百三

十二　積度五十七　度餘四萬四千八百五

推五星術置上元㠯來盡所求年㠯周率乘之滿日率得一名爲積合不盡名合餘合餘㠯周率除之所得爲退歲無所得星合其年得一合前年二合前二年金水積合奇爲晨偶爲夕其不滿周率者反減之餘爲度分

推星合月㠯合積月乘積合爲小積又㠯月餘乘積合滿其月法得一從小積爲月餘積月滿紀月去之餘爲入紀月每㠯章閏乘之滿章月得一爲閏不盡爲閏餘㠯閏減入紀月其餘㠯十二去之餘爲入歲月數從天正十一月起算外星合所在之月也其閏滿二百二十四㠯上至二百三十一星合閏月閏或進退㠯朔制之

推朔日㠯蔀日乘入紀之月滿蔀月得一爲積日不盡爲小餘積

日滿六十去之餘爲大餘命以甲子算外星合月朔日

推入月日以蔀日乘月餘以其月法乘朔小餘從之以四千四百六十五約之所得滿日度法得一爲入月日不盡爲日餘以朔命入月日算外星合日也

推合度以周天乘度分滿日度法得一爲積度不盡爲度餘以斗二十一四分一命度算外星合所在度也

一術加退歲一以減上元滿八十除去之餘以沒數乘之滿日法得一爲大餘不盡爲小餘以甲子命大餘則星合歲天正冬至日也以周率乘小餘并度餘餘滿日度法從度卽正後星合日數也命以冬至求後合月加合積月於入歲月加月餘於月餘滿其月法得一從入歲月入歲月滿十二去之有閏計焉餘命如前算外後合月也金水加晨得夕加夕得晨

求朔日㠯大小餘加今所得其月餘得一月者又加二十九小餘滿蔀月得一加大餘大餘命如前

求入月日㠯入月日餘加今所得餘滿日度法得一從日其前合月朔小餘不滿其虛分者空加一日日滿月先去二十九其後合月朔小餘不滿四百九十九又減一日其餘命如前

求合度㠯積度度餘加今所得餘滿日度法得一從度命如前經斗除如周率矣

木晨伏十六日七千三百二十分半行二度萬三千八百一十一分在日後十三度有奇而見東方見順日行五十八分度之十一五十八日行十一度微遲日行九分五十八日行九度留不行二十五日旋逆日行七分度之一八十四日退十二度復留二十五日復順五十八日行九度又五十八日行十一度在日前十三度

有奇而夕伏西方除伏逆一見三百六十六日行二十八度伏復十六日七千三百二十分半行二度萬三千八百一十一分而與日合凡一終三百九十八日有萬四千六百四十一分行星三十三度與萬三百一十四分通率日行四千七百二十五分之三百九十八

火晨伏七十一日二千六百九十四分行五十五度二千二百五十四分半在日後十六度有奇而見東方見順日行二十三分度之十四百八十四日行百一十二度微遲日行十二分九十二日行四十八度留不行十一日旋逆日行六十二分度之十七六十二日退十七度復留十一日復順九十二日行四十八度又百八十四日行百一十二度在日前十六度有奇而夕伏西方除伏逆一見六百三十六日行三百三度伏復七十一日二千六百九十四分行

五十五度二千二百五十四分半而與日合凡一終七百七十九日有千八百七十二分行星四百一十四度與九百九十三分通率日行千八百七十六分之九百九十七

土晨伏十九日千八十一分半行三度萬四千七百二十五分半在日後十五度有奇而見東方見順日行四十三分度之三八十六日行六度留不行三十三日旋逆日行十七分度之一百二日退六度復留三十三日復順八十六日行六度在日前十五度有奇而夕伏西方除伏逆見三百四十日行六度伏復十九日千八十一分半行三度萬四千七百二十五分半與日合凡一終三百七十八日有二千一百六十三分行星十二度與二萬九千四百五十一分通率日行九千四百一十五分之三百一十九

金晨伏五日退四度在日後九度而見東方見逆日行五分度之

三十日退六度留不行八日順日行四十六分度之三十三四十六日行三十三度而疾日行一度九十一分度之十五九十一日行百六度益疾日行一度二十二分九十一日行百一十三度在日後九度而晨伏東方除伏逆一見二百四十六日行二百四十六度伏四十一日二百八十一分行五十度二百八十一分而與日合一合二百九十二日二百八十一分行星如之

金夕伏四十一日二百八十一分行五十度二百八十一分在日前九度而見西方見順疾日行一度九十一分度之二十二九十一日行百一十三度微遲日行一度十五分九十一日行百六度而遲日行四十六分度之三十三四十六日行三十三度留不行八日旋逆日行五分度之三十日退六度在日前九度而夕伏西方除伏逆一見二百四十六日行二百四十六度伏五日退四度

而復合凡再合一終五百八十四日有五百六十二分行星如之
通率日行一度
水晨伏九日退七度在日後十六度而見東方見逆一日退一度
留不行二日旋順日行九分度之八九日行八度而疾日行一度
四分度之一二十日行二十五度在日後十六度而晨伏東方除
伏逆一見三十二日行三十二度伏十六日四萬四千八百五分
行三十二度四萬四千八百五分而與日合一合五十七日有四
萬四千八百五分行星如之
水夕伏十六日四萬四千八百五分行三十二度四萬四千八百
五分在日前十六度而見西方見順疾日行一度四分度之一二
十日行二十五度而遲日行九分度之八九日行八度留不行二
日旋逆一日退一度在日前十六度而夕伏西方除伏逆一見三

十二日行三十二度伏九日退七度而復合凡再合一終百一十五日有四萬一千九百七十八分行星如之通率日行一度

步術以步法伏日度分加星合日度餘命之如前得星見日度也術分母乘之分如日度法而一分不盡如半法以上亦得一而日加所行分滿其母得一度逆順母不同以當行之母乘故分如故母如一也留者承前逆則減之伏不書度經斗除如行母四分具一其分有損益前後相放其以赤道命度進加退減之其步以黃道

月名											
十一月	十二月	正月	二月	三月	四月	五月	六月	七月	八月	九月	十月
冬至	大寒	雨水	春分	穀雨	小滿	夏至	大暑	處暑	秋分	霜降	小雪

月令章句孟春以立春爲節驚蟄爲中中必在其月節不必在其月據孟春之驚蟄在十六日以後立春在正月驚蟄在十五日以前立春在往年十二月

斗二十六四分一退二　牛八　女十二進一　虛十進二

危十七進二　室十六進三　壁九進一

北方九十八度四分一

奎十六　婁十二退一　胃十四退一　昴十一退二

畢十六退三　觜二退三　參九退四

西方八十度

井三十三退三　鬼四　柳十五　星七進一

張十八進一　翼十八進二　軫十七進一

南方百一十二度

角十二　亢九退一　氐十五退二　房五退三

心五退三　尾十八退三　箕十一退三

東方七十五度

右赤道度周天三百六十五度四分一

斗二十四四分一　牛七　女十一　虛十

危十六　室十八　壁十

北方九十六度四分一

奎十七　婁十二　胃十五　昴十二

畢十六　觜三　參八

西方八十三度

井三十　鬼四　柳十四　星七

張十七　翼十九　軫十八

南方百九度

角十三　亢十　氐十六　房五

心五　尾十八　箕十

東方七十七度

右黃道度三百六十五四分一

黃道去極日景之生據儀表也漏刻之生以去極遠近差乘節氣之差如遠近而差一刻以相增損昏明之生以天度乘晝漏夜漏減之二百而一爲定度以減天度餘爲明加定度一爲昏其餘四之如法爲少不盡三之如法爲强餘半法以上以成强强三爲少少四爲度其强二爲少弱也又以日度餘爲少强而各加焉張衡渾儀曰赤道橫帶天之腹去極九十一度十九分之五黃道斜帶其腹出赤道表裏各二十四度故夏至去極六十七度而强冬至去極百一十五度亦强也然則黃道斜截赤道者則春分秋分之去極也今此春分去極九十少秋分去極九十一少者就夏至晷景去極之法以爲率也上頭橫行第一行者黃道進退之數也本當以銅儀日月度之則可知也以儀一歲乃竟而中間又有陰雨難卒成也是以作小渾盡赤道黃道乃各調賦三百六十五度四分之一從冬至所在始起令之相當値也取北極及衡各誠琢之爲軸取薄竹篾穿其兩端令兩穿中間與渾半等以貫之令察之與渾相切摩也乃從減半起以爲八十二度八分之五盡衡減之半焉又中分其篾拗去其半令其半之際正直與兩端減半相直令篾半之際從冬至起一度一移之視篾之半際多黃赤道幾也其所多少則進退之數也從北極數之則元極之度也各分赤道黃道爲二十四氣一氣相去十五度十六分之七每一氣者黃道進退一度焉所以然者黃道直時去南北極近其處地小而橫行與

赤道且等故以籛度之於赤道多也設一氣令十六日皆常率四日差少半也令一氣十五日不能半耳故使中道三日之中若少半也三氣一節故四十六日而差今三度也至于差三之時而五日同率者一其實節之間不能四十六日也今殘日居其策故五日同率也其率雖同先之皆强後之皆弱不可勝計取至於三而復有進退者黃道稍斜於橫行不得度故也春分秋分所以退者黃道始起更斜矣於橫行不得度故也亦每一氣一度焉三氣一節亦差三度也至三氣之後稍遠而直故橫行得度而稍進也立春立秋橫行稍退矣而度猶云進者以其所退減其所進猶有盈餘未盡故也立夏立冬橫行稍進矣而度猶退者以其所進增其所退猶有不足未畢故也以此論之日行非有進退而以赤道重廣黃道使之然也本二十八宿相去度數以赤道爲强耳故於黃道亦進退也冬至在斗二十一度少半最遠時也而此曆斗二十度俱百一十五强矣冬至宜與之同率焉夏至在井二十一度半强最近時也而此曆井二十三度俱六十七度强矣夏至宜與之同率焉

二十四氣	日所在	黃道去極	晷景	晝漏刻	夜漏刻	昏中星 月令章句曰中星當中而不中日行遲也未當中而中日行疾也	旦中星
冬至	斗二十一度八分退二	百一十五度	丈三尺	四十五	五十五	奎六弱	亢二少强退一
		月令章句曰冬至之爲極有三意焉晝漏極短去極極遠晷景極長極者至而還之辭也					
小寒	女二度七分進一	百一十三强	丈二尺三寸	四十五八分	五十四二分	婁六半强退一	氐七少弱退二
大寒	虛五度十四分進二	百一十大弱	丈一尺	四十六八分	五十三八分	胃十一半强退一	心半退三

立春	危十度二十一分進二	百六少強	九尺六寸	四十八六分	五十一四分	畢五少弱退三	尾七半弱退三
雨水	室八度二十八分進三	百一強	七尺九寸五分	五十八分	四十九二分	參五半弱退四	箕大弱退三
驚蟄	壁八度三分進一	九十五強	六尺五寸	五十三三分	四十六七分	井十一少弱退三	斗十少退二
春分	奎十四度十分	八十九強	五尺三寸五分	五十五八分	四十四二分	鬼四	斗十一弱退二
清明	胃一度十七分退一	八十三少弱	四尺一寸五分	五十八三分	四十一七分	星四大進一	斗二十一半退二
穀雨	昴二度二十四分退二	七十七大強	三尺二寸	六十五分	三十九五分	張十七大進一	牛六半
立夏	畢六度三十一分退三	七十三少弱	二尺五寸二分	六十二四分	三十七六分	翼十七大進二	女十少進一
小滿	參四度六分退四	六十九大弱	一尺九寸九分	六十三九分	三十六一分	角大弱	危大弱進二
芒種	井十度十三分退三	六十七少弱	一尺六寸八分	六十四九分	三十五一分	亢五大退一	危十四強進二
夏至	井二十五度二十分退三	六十七強	一尺五寸	六十五	三十五	氐十二少弱退二	室十二少弱進三
月令章句曰夏至之爲極有三意焉晝漏極長去極極近晷景極短							
小暑	柳三度二十七分	六十七大強	一尺七寸	六十四七分	三十五三分	尾一大強退三	奎二大強

大暑	星四度二分進一	七十	二尺	六十三八分	三十六二分	尾十五半弱退三	婁三大退一
立秋	張十二度九分進一	七十三半強	二尺五寸五分	六十二三分	三十七七分	箕九大強退三	胃九大弱退一
處暑	翼九度十六分進一	七十八半強	三尺三寸三分	六十二分	三十九八分	斗十少退二	畢三大退三
白露	軫六度二十三分進一	八十四少強	四尺三寸五分	五十七八分	四十二二分	斗二十一強退二	參五半弱退四
秋分	角四度三十分	九十半強	五尺五寸	五十五二分	四十四八分	牛五少	井十六少強退三
寒露	亢八度五分退一	九十六大強	六尺八寸五分	五十二六分	四十七四分	女七大進一	鬼三少強
霜降	氐十四度十二分退二	百二少強	八尺四寸	五十三分	四十九七分	虛六大進二	星三大強進一
立冬	尾四度十九分退三	百七少強	丈四寸二分	四十八二分	五十一八分	危八強進二	張十五大強進一
小雪	箕一度二十六分退三	百一十一弱	丈一尺四寸	四十六七分	五十三三分	室三半強進三	翼十五大強進二
大雪	斗六度一分退二	百一十三彊	丈二尺五寸六分	四十五五分	五十四五分	壁半強進一	軫十五少弱進一

易緯所稱晷景長短不與相應今列之于後幷至與不至各有所候以參廣異同　冬至晷長一丈三尺當至不至則旱多溫病未當至而至則多病暴逆心痛應在夏至　小寒晷長一丈二尺四分當至不至先小旱後小水丈夫多病喉痺未當至而至多病身熱來年麻不爲耳　大寒晷長一丈一尺八分當至不至先大旱後大水麥不成病厥逆未當至而至多病上氣嗌腫　立春

晷長一丈一寸六分當至不至兵起麥不成民疲瘵未當至而至多病熛疾疫　雨水晷長九尺一寸六分當至不至早麥不成多病心痛未當至而至多病蹷　驚蟄晷長八尺二寸當至不至則霧稚禾不成老人多病嚏未當至而至多病癰疽脛腫　春分晷長七尺二寸四分當至不至先旱後水歲惡米不成多病耳痒　清明晷長六尺二寸八分當至不至菽豆不熟多病嚏振寒洞泄未當至而至多溫病暴死　穀雨晷長五尺三寸六分當至不至水物雜稻等不爲多病疾瘧振寒霍亂未當至而至老人多病氣腫　立夏晷長四尺三寸六分當至不至旱五穀傷牛畜疾未當至而至多病頭痛腫嗌喉痹　小滿晷長三尺四寸當至不至凶言國有大喪先水後旱多病筋急痺痛未當至而至多病熛嗌腫　芒種晷長二尺四寸四分當至不至凶言國有狂令未當至而至多病厥眩頭痛　夏至晷長一尺四寸八分當至不至國有大殃旱陰陽並傷草木夏落有大寒未當至而至病眉腫　小暑晷長二尺四寸四分當至不至前小水後小旱有兵多病泄注腹痛未當至而至病臚腫　大暑晷長三尺四寸當至不至外兵作來年飢多病筋痺胸痛未當至而至多病脛痛惡氣　立秋晷長四尺三寸六分當至不至暴風爲災來年黍不爲未當至而至多病咳上氣咽腫　處暑晷長五尺三寸二分當至不至國多浮令兵起來年麥不爲未當至而至病脹耳熱不出行　白露晷長六尺二寸八分當至不至多病痤疽泄未當至而至多病水腹閉疝瘕　秋分晷長七尺二寸四分當至不至草木復榮多病溫悲心痛未當至而至多病胸鬲痛　寒露晷長八尺二寸當至不至來年穀不成六畜鳥獸被殃多病疝瘕腰痛未當至而至多病疢熱中　霜降晷長九尺一寸六分當至不至萬物大耗年多大風人病腰痛未當至而至多病胸脅支滿　立冬晷長丈一寸二分當至不至地氣不藏來年立夏反寒早旱晚水萬物不成未當至而至多病臂掌痛　小雪晷長一丈一尺八分當至不至來年蠶麥不成多病腳腕痛未當至而至亦爲多肘腋痛　大雪晷長一丈二尺四分當至不至溫氣泄夏蝗蟲生大水多病少氣五疸水腫未當至而至多病癰疽痛應在芒種　月令章句日周天三百六十五度四分度之一分爲十二次日月之所躔也地有十二分王侯之所國也每次三十度三十二分之十四日至其初爲節至其中爲中氣　自危十度至壁八度謂之豕韋之次立春驚蟄居之衞之分野　自壁八度至胃一度謂之降婁之次雨水春分居之魯之分野　自胃一度至畢六度謂

之大梁之次淸明穀雨居之趙之分野　自畢六度至井十度謂之實沈之次立夏小滿居之晉之分野　自井十度至柳三度謂之鶉首之次芒種夏至居之秦之分野　自柳三度至張十二度謂之鶉火之次小暑大暑居之周之分野　自張十二度至軫六度謂之鶉尾之次立秋處暑居之楚之分野　自軫六度至亢八度謂之壽星之次白露秋分居之鄭之分野　自亢八度至尾四度謂之大火之次寒露霜降居之宋之分野　自尾四度至斗六度謂之析木之次立冬小雪居之燕之分野　自斗六度至須女二度謂之星紀之次大雪冬至居之越之分野　自須女二度至危十度謂之玄枵之次小寒大寒居之齊之分野　蔡邕分星次度數與皇甫謐不同兼明氣節所在故載焉謐所列在郡國志

中星以日所在爲正日行四歲乃終置所求年二十四氣小餘四之如法爲少大餘不盡加之如法爲強弱以減節氣昏明中星而各定矣強正弱負也其強弱相減同名相去異名從之從強進少爲弱從弱退少而強從上元太歲在庚辰以來盡熹平三年歲在甲寅積九千四百五十五歲也宋世治曆何承天曰曆數之術若心所不達雖復通人前識無救其弊是以多歷年歲猶未能有定四分於天出三百年而盈一日積世不悟徒云建曆之本必先立元假託讖緯遂開治亂此之爲弊亦已甚矣劉歆三統法尤復疏闊方於四分六千餘年又益一日楊雄心惑其說採爲太玄班固謂之最密著于漢志司馬彪曰自太初元年始用三統曆施行百有餘年曾不憶劉歆之生不逮太初二三君子爲曆幾乎不知而妄言者歟元和中穀城門候劉洪始悟四分于天疏闊更以五百八十九爲紀法百四十五爲斗分而造乾象法又制遲疾曆以步月行方於太初四分轉精密矣

論曰易有太極是生兩儀兩儀之分僃矣乃有皇犧皇犧之有天下也未有書計歷載彌久暨於黃帝班示文章重黎記注象應著名始終相驗準度追元乃立曆數天難諶斯是以五三迄于來今各有改作不通用故黃帝造曆元起辛卯而顓頊用乙卯虞用戊午夏用丙寅殷用甲寅周用丁巳魯用庚子漢興承秦初用乙卯至武帝元封不與天合乃會術士作太初曆元以丁丑王莽之際劉歆作三統追太初前卅一元得五星會庚戌之歲以爲上元太初曆到章帝元和旋復疏闊徵能術者課校諸曆定朔稽元追漢三十五年庚辰之歲退朔一日乃與天合以爲四分曆元加六百五元一紀上得庚申有近於緯而歲不攝提以辨曆者得開其說而其元皆與緯同同則或不得於天然曆之興廢以疏密課固不主於元光和元年中議郎蔡邕郎中劉洪補續律曆志邕能著文

清濁鍾律洪能爲算述敍三光今考論其業義指博通術數略舉是已集錄爲上下篇放續前志已備一家蔡邕戍邊上章曰朔方髡鉗徒臣邕被受陛下尤異大恩初由宰府備數典城以叔父故衞尉質時爲尚書召拜郎中受詔詣東觀著作遂與羣儒並拜議郎沐浴恩澤承答聖問前後六年質奉機密趨走日下遂由端右出相外藩還尹輦轂旬日之中登蹦上列父子一門兼受恩寵不能輸寫心力以效絲髮之功一旦被章陷沒辜戮陛下天地之德不忍刀鋸截臣首領得就平罪父子家屬徙充邊方完全軀命喘息相隨非臣無狀所敢復望非臣罪惡所當復蒙非臣辭筆所能復陳臣初決罪雒陽詔獄生出牢戶顧念元初中故尚書郎張俊坐漏泄事當伏重刑已出轂門復聽讀鞫詔書馳救一等輸作左校俊上書謝恩遂以轉徙郡縣促遣偏於吏手不得頃息含辭抱悲無由上達既到徙所乘塞守烽職在候望憂怖焦灼無心復能操筆成草致章闕庭誠知聖朝不責臣罪但愚心有所不竟臣自在布衣常以爲漢書十志下盡王莽而世祖以來惟有紀傳無續志者臣所師事故太傅胡廣知臣頗識其門戶略以所有舊事雖未備悉初見首尾積累思惟二十餘年不在其位非外吏庶人所得擅述天誘其衷得備著作郎建言十志皆當撰錄遂與議郎張華等分受之所使元順難者皆以付臣先治律曆以籌算爲本天文爲驗請太史舊注考校連年往往頗有差舛當有增損乃可施行爲無窮法道至深微不敢獨議郎中劉洪密於用算故臣表上洪與共參思圖牒尋繹適有頭角會臣被罪遂放邊野臣竊自痛一爲不善使史籍所闕胡廣所校二十年之思中道廢絕不得究竟慺慺之情猶以結心不能違望臣初欲須刑竟乃因縣道具以狀聞今年七月九日匈奴始攻郡鹽池縣其時鮮卑連犯雲中五原一月之中烽火不絕不意西夷相與合謀所圖廣遠恐遂爲變不知所濟郡縣咸懼不守朝旦臣所在孤危懸命鋒鏑湮滅土灰呼吸無期誠恐所懷隨軀腐朽抱恨黃泉遂不設施謹先顛踣科條諸志臣欲删定者一所當接續者四前志所無臣欲著者三及經典羣書所宜捃摭本奏詔書所當依據分別首目并書章左臣初被考妻子迸竄亡失文書無所案請加以惶怖愁恐思念荒散十分不得識一所識者又恐謬誤觸冒死罪披瀝

愚情願下東觀推求諸奏參以璽書以補綴遺闕昭明國體章聞之後雖肝腦流離白骨剖破無所復恨惟陛下省察謹因臨戎長霍圉封上臣頓首死罪稽首再拜以聞其所論志志家未以成書如有異同今隨事注之于本志也

贊曰象因物生數本杪曶律均前起準調後發該覈衡琁檢會日月

律曆志下

續漢志三

禮儀志上　續漢志四

梁劉昭注補

夫威儀所㠯與君臣序六親也若君亡君之威臣亡臣之儀上替下陵此謂大亂大亂作則羣生受其殃可不慎哉故記施行威儀㠯爲禮儀志謝承書曰太傅胡廣博綜舊儀立漢制度蔡邕因以爲志譙周後改定以爲禮儀志

禮威儀每月朔旦太史上其月曆有司侍郎尚書見讀其令奉行其政朔前後各二日皆牽牛酒至社下㠯祭日日有變割羊㠯祠社用救日日變執事者冠長冠衣皁單衣絳領袖緣中衣絳袴袜㠯行禮如故事公羊傳曰日有食之鼓用牲于社求乎陰之道也以朱絲縈社或曰脅之或曰爲闇恐人犯之故縈之也何休曰脅之與責求同義社者土地之主也月者土地之精也上係於天而當日故鳴鼓而攻之脅其本也朱絲縈之助陽抑陰也或曰爲闇者社者土地之主尊也爲日光盡天闇冥恐人犯歷之故縈之然此說非也先言鼓後言用牲者明先以尊者命責之後以臣子禮接之所以爲順也白虎通曰日食必救之陰侵陽也鼓攻之以陽責陰也故春秋日食鼓用牲于社所以必用牲者社地別神也尊之不敢虛責也日食大水則鼓用牲大旱則雩祭求雨非虛言也助陽責下求陰之道也決疑要注曰凡救日食皆著赤幘以助陽也日將食天子素服避正殿內外嚴日有變伐鼓聞音侍臣著赤幘帶劍入侍三臺令史

已下皆持劒立其戶前衞尉卿驅馳繞宮察巡守備周而復始日復常乃皆罷之

立春之日夜漏未盡五刻京師百官皆衣青衣郡國縣道官下至斗食令史皆服青幘立青幡施土牛耕人于門外已示兆民至立夏惟武官不立春之日下寬大書曰制詔三公方春東作敬始慎微動作從之罪非殊死且勿案驗皆須麥秋退貪殘進柔良下當用者如故事月令曰命相布德和令蔡邕曰即此詔之謂也獻帝起居注曰建安二十二年二月壬申詔書絕立春寬緩詔書不復行

正月上丁祠南郊白虎通曰春秋傳曰以正月上辛尚書曰丁巳用牲于郊牛一先甲三日辛也後甲三日丁也皆可接事昊天之日禮畢次北郊明堂高廟世祖廟謂之五供五供畢已次上陵西都舊有上陵東都之儀百官四姓親家婦女公主諸王大夫蔡邕獨斷曰凡與先后有瓜葛者外國朝者侍子郡國計吏會陵晝漏上水大鴻臚設九賓隨立寢殿前薛綜曰九賓謂王侯公卿二千石六百石下及郎吏匈奴侍子凡九等鍾鳴謁者治禮引客羣臣就位如儀乘輿自東廂下太常導出西向拜止旋升阼階拜神坐退坐東廂

西向侍中尚書陛者皆神坐後公卿羣臣謁神坐太官上食太常樂奏食舉舞文始五行之舞前書志曰文始舞者本韶舞也高祖六年更名文始以示不相襲也五行舞者本周舞也秦始皇二十六年更名五行之舞也樂闋羣臣受賜食畢郡國上計吏以次前當神軒占其郡國穀價民所疾苦欲神知其動靜孝子事親盡禮敬愛之心也周徧如禮謝承書曰建寧五年正月車駕上原陵蔡邕爲司徒掾從公行到陵見其儀愾然謂同坐者曰聞古不墓祭朝廷有上陵之禮始爲可損今見威儀察其本意乃知孝明皇帝至孝惻隱不可易舊或曰本意云何昔京師在長安時其禮不可盡得聞也光武卽世始葬于此明帝嗣位踰年羣臣朝正感先帝不復聞見此禮乃帥公卿百寮就園陵而朝焉尚書階西陛爲神坐天子事亡如事存之意苟先帝有瓜葛之屬男女畢會王侯大夫郡國計吏各向神坐而言庶幾先帝神魂聞之今者日月久遠後生非時人但見其禮不知其哀以明帝聖孝之心親服三年又在園陵初興此儀仰察几筵下顧羣臣悲切之心必不可堪邕見太傅胡廣曰國家禮有煩而不可省者不知先帝用心周密之至於此也廣曰然子宜載之以示學者邕退而記焉魚豢曰孝明以正月日百官及四方來朝者上原陵朝禮是謂甚違古不墓祭之義臣昭以爲邕之言然最後親陵遣計吏賜之帶佩八月飲酎上陵禮亦如之丁孚漢儀曰酎金律文帝所加以正月旦作酒八月成名酎酒因令諸侯助祭貢金漢律金布令曰皇帝齋宿親帥羣臣承祠宗廟羣臣宜分奉請諸侯列侯各以民口數率千口奉金四兩奇不滿千口至五百口亦四兩皆會酎少府受又大鴻臚食邑九眞交阯日南者用犀角長九寸以上若瑇瑁甲一鬱林用象牙長三尺以上若翡翠各二十準以當金漢舊儀曰皇帝惟八月酎車駕夕牲牛以絳衣之皇帝暮視牲以鑑燧取水於月以火燧取火於日爲明水火左袒以水沃牛右肩手執鸞刀以切牛毛薦之而卽更衣

巾侍上熟乃祀之凡齋天地七日宗廟山川五日小祠三日齋日內有汙染解齋副倅行禮先齋一日有汙穢災變齋祀如儀大喪唯天郊越紼而齋地以下皆百日後乃齋如故事魏文帝詔曰漢時不拜日於東郊而旦夕常於殿下東面拜日煩褻似家人之事非事天交神之道也於是朝日東門之外將祭必先夕牲其儀如郊

正月甲子若丙子為吉日可加元服儀從冠禮乘輿初緇布進賢次爵弁次武弁次通天以據皆於高祖廟如禮謁冠禮曰成王冠周公使祝雍曰辭達而勿多也祝雍曰近於民遠於年遠於佞近於義嗇於財任賢使能博物記曰孝昭帝冠辭曰陛下擒顯先帝之光耀以承皇天之嘉祿欽奉仲春之吉辰普遵大道之郊域秉率百福之休靈始加昭明之元服推遠沖孺之幼志蘊積文武之就德肅勤高祖之清廟六合之內靡不蒙德永永與天無極獻帝傳曰興平元年正月甲子帝加元服司徒淳于嘉為賓加賜玄纁駟馬貴人公主卿司隸城門五校及侍中尚書給事黃門侍郎各一人為太子舍人也王公以下初加進賢而已獻帝起居注曰建安十八年正月壬子濟北王加冠戶外以見父母給事黃門侍郎劉贍兼侍中假貂蟬加濟北王給之

正月天郊夕牲周禮展牲干寶曰若今夕牲又郊儀先郊日未晡五刻夕牲公卿京尹眾官悉至壇東就位太祝吏牽牲入到榜廩犧令跪曰請省牲舉手曰腯太祝令繞牲舉手曰充太史令牽牲就庖豆酌毛血其一奠天神坐前其一奠太祖坐前今之郊祝然也晝漏未盡十八刻初納夜漏

未盡八刻初納于寶周官注曰納享納牲將告殺謂向祭之晨也進熟獻太祝送旋皆就燎位宰祝舉火燔柴火然天子再拜興有司告事畢也明堂五郊宗廟太社稷六宗夕牲皆已晝漏十四刻初納夜漏未盡七刻初納進熟獻送神還有司告事畢六宗燔燎火大然有司告事畢

正月始耕月令曰天子親載耒耜措之參保介之御間帥三公九卿躬耕帝籍盧植注曰帝天也藉耕也晝漏上水初納執事告祠先農已享賀循藉田儀曰漢耕日以太牢祭先農於田所春秋傳曰耕藉之禮唯齋三日左傳曰鄅人藉稻杜預注曰藉稻履行之薛綜注二京賦曰爲天神借民力於此田故名曰帝藉田在國之辰地干寶周禮注曰古之王者貴爲天子富有四海而必私置藉田盖其義有三焉一曰以奉宗廟親致其孝也二曰以訓于百姓在勤勤則不匱也三曰聞之子孫躬知稼穡之艱難無逸也耕時有司請行事就耕位天子三公九卿諸侯百官以次耕鄭玄注周禮曰天子三推公五推卿諸侯九推庶人終於千畝庶人謂徒三百人也月令章句曰卑者殊勞故三公五推禮自上以下降殺以兩勞事反之諸侯上當有孤卿七推大夫十二士終畝可知也盧植注禮記曰天子耕藉一發九推耒周禮二耜爲耦一耜之伐廣尺深尺伐發也天子及三公坐而論道參五職事故三公以五爲數卿諸侯當究成天子之職事故以九爲數伐皆三者禮以三爲文力田種各耰訖有司告事畢史記曰漢文帝詔云農天下之本其開藉田朕躬耕以給宗廟粢盛應劭曰古者天子耕藉田千畝爲天下先藉者帝王典藉之常也而應劭風俗通又曰古者使民如借故曰藉田鄭玄曰藉之言借也王一耕之使庶人耘芓終之盧植曰藉耕也春秋傳曰鄅人藉稻

故知藉爲耕也韋昭曰借民力以治之以奉宗廟且以勸率天下使務農也杜預注曰鄙人藉稻其君自出藉稻蓋履行之瓚曰藉稻藉也本以躬親爲義不得以假借爲稱也漢舊儀曰春始東耕於藉田官祠先農先農卽神農炎帝也祠以一太牢百官皆從大賜三輔二百里孝悌力田三老帛種百穀萬斛爲立藉田倉置令丞穀皆以給祭天地宗廟羣神之祀以爲粢盛皇帝躬秉耒耜而耕古爲甸師官賀循曰所種之穀黍稷穜稑稑早也種晚也干寶周禮注曰穜晚秔稻之屬稑陵穀黍稷之屬

是月令曰郡國守相皆勸民始耕如儀諸行出入皆鳴鍾皆作樂其有災眚有他故若請雨止雨皆不鳴鍾不作樂春秋釋痾曰漢家郡守行大夫禮鼎俎籩豆工歌縣何休曰漢家法陳師置守相故行其樂也

仲春之月立高禖祠于城南祀以特牲月令玄鳥至之日以太牢祠詩曰克禋克祠以弗無子毛萇傳曰弗去無子求有子古者必立郊禖焉玄鳥至之日以太牢祀于郊禖天子親往后妃帥九嬪御乃禮天子所御帶以弓韣授以弓矢于郊禖之前鄭玄注云弗之言祓也禋祀上帝于郊禖以祓無子之疾而得福也月令章句曰高尊也禖祀也吉事先見之象也蓋爲人所以祈子孫之祀玄鳥感陽而至其來主爲字乳蕃滋故重其至日因以用事契母簡狄蓋以玄鳥至日有事高禖而生契焉故詩曰天命玄鳥降而生商韣弓衣也祀以高禖之命飲之以醴帶以弓衣尚使得男也離騷曰簡狄在臺嚳何宜玄鳥致胎女何嘉王逸曰言簡狄侍帝嚳於臺上有飛燕墮其卵嘉而吞之因生契鄭玄注禮記曰後王以爲禖官嘉神而立其祠盧植注云玄鳥至時陰陽中萬物生故於是以三牲請子於高禖之神居明顯之處故謂之高因其求子故謂之禖以爲古者有媒氏之官因以爲神晉元康中高禖壇上石破詔問出何經典朝士莫知博士束晳答曰漢武帝晚得太子始爲立高禖之祠高禖者人之先也故立石爲主祀以太牢

明帝永平二年三月上始帥羣臣躬養三老五更于辟雍孝經援神契曰尊三

老者父象也謁者奉几安車輭輪供綏執事五更寵以度接禮交容謙恭順貌宋均曰三老老人知天地人事者奉几授三老也安車坐乘之車輭輪蒲裹輪供綏三老就車天子親執綏授之五更老人知五行更代之事者度法也度以寵異之也鄭玄注禮記曰皆年老更事致仕者也名三五者取象三辰五星天所因以照明天下者玄又一注皆老人更知三德五事者也應劭漢官儀曰三老五更三代所尊也安車輭輪送迎至家天子獨拜于屏三者道成於天地人老者久也舊也五者訓于五品更者五世長子更更相代言其能以善道改更己也三老五更皆取有首妻男女完具臣昭按桓榮五更後除兄子二人補四百石則榮非長子矣蔡邕曰五更長老之稱也**行大射之禮**袁山松曰天子皮弁素幘親射大侯**郡縣道行鄉飲酒于學校皆祀聖師周公孔子牲以犬**鄭玄注儀禮曰狗取擇人孟冬亦如之石渠論曰鄉射合樂而大射不何也韋玄成曰鄉人本無樂故於歲時合樂以同其意諸侯故自有樂故不復合樂鄭玄注鄉飲酒禮曰今郡國十月行鄉飲酒禮黨正每歲邦索鬼神而祭祀則以禮屬民而飲酒于序以正齒位之禮凡鄉黨飲酒必於民聚之時欲其見化知尚賢尊長也玄冠衣皮知服與禮異服虔應劭曰漢家郡縣亭射祭祀皆假士禮而行之樂縣笙磬籩俎皆如士制**如是七郊禮樂三雍之義備矣養三老五更之儀先吉日司徒上太傅若講師故三公人名用其德行年耆高者一人爲老次一人爲更也**盧植禮記注曰選三公老者爲三老卿大夫中之老者爲五更亦參五之也**皆服都紵大袍單衣皁緣領袖中衣冠進賢扶玉杖五更亦如之不杖皆齋于太學講堂**月令章句曰三老國老也五更庶老也**其日乘輿先到辟雍禮殿御坐東廂遣使者安車迎三老五更**

天子迎于門屏交禮道自阼階三老升自賓階至階天子揖如禮三老升東面三公設几九卿正履天子親袒割牲執醬而饋執爵而酳祝鯁在前祝饐在後禮記曰天子適饌省醴養老之珍具遂發詠焉退修之以孝養反升歌清廟孝養之詩也五更南面公進供禮亦如之熊周五經然否曰漢初或云三老答天子拜遭王莽之亂法度幾缺漢中興定禮儀羣臣欲令三老答拜城門校尉董鈞駮曰養三老所以教事父之道也若答拜是使天下答子拜也詔從鈞議譙周論之曰禮尸服上服猶以非親之故答子拜士見異國君亦答拜是皆不得視猶子也虞喜曰且據漢儀於門屏交禮交禮即答拜中興謬從鈞議後革之深得其意明日皆詣闕謝恩以見禮遇大尊顯故也前書禮樂志曰顯宗因祀光武皇帝於明堂養三老五更於辟雍威儀既盛矣德化未流洽者以其禮樂未具羣下無所誦說而庠序尚未設之故也孔子曰譬如爲山未成一簣止吾止也

是月皇后帥公卿諸侯夫人蠶丁孚漢儀曰皇后出乘鸞輅青羽蓋駕駟馬龍旂九斿大將軍妻參乘太僕妻御前鸞旂車皮軒闟戟雒陽令奉引亦千乘萬騎車府令設鹵簿駕公卿五營校尉司隸校尉河南尹妻皆乘其官車帶夫本官綬從其官屬導從皇后置虎賁羽林騎戎頭黃門鼓吹五帝車女騎夾轂執法御史在前後亦有金鉦黃鉞五將導桑于蠶宮手三盆于繭館畢還宮月令曰禁婦人無觀按谷永對稱四月壬子皇后蠶桑之日也則漢桑亦用四月祠先蠶禮以少牢漢舊儀曰春桑生而皇后親桑於苑中於蠶室養蠶千薄以上祠以中牢羊豕祭蠶神曰苑窳婦人寓氏公主凡二神羣臣妾從桑還獻於繭觀皆賜從桑者絲皇后自行凡蠶絲絮織室以作祭服祭服者冕服也天地宗廟羣神五時之服其皇帝得以作縷縫衣得以作中絮而已置蠶官令丞諸天下官皆詣蠶室與婦人從事故舊有東西織室作治晉后祠先蠶先蠶壇高一

丈方二丈爲四出陛陛廣五尺在宋桑壇之東南

是月上巳官民皆絜於東流水上曰洗濯祓除去宿垢疢爲大絜絜者言陽氣布暢萬物訖出始絜之矣謂之禊也風俗通曰周禮女巫掌歲時以祓除疾病禊者絜也春者蠢也蠢搖動也尚書以殷仲春厥民析言人解析也蔡邕曰論語暮春者春服既成冠者五六人童子六七人浴乎沂風乎舞雩詠而歸自上及下古有此禮今三月上巳祓禊於水濱蓋出於此杜篤祓禊賦曰巫咸之徒秉火祈福則巫祝也一說云後漢有郭虞者三月上巳產二女二日中竝不育俗以爲大忌至此月日諱止家皆於東流水上爲祈禳自絜濯謂之禊祠引流行觴遂成曲水韓詩曰鄭國之俗三月上巳之溱洧兩水之上招魂續魄秉蘭草祓除不祥漢書八月祓灞水亦斯義也後之良史亦據爲正臣昭曰郭虞之說良爲虛誕假有庶民旬內夭其二女何足驚彼風俗稱爲世忌乎杜篤乃稱王侯公主暨于富商用事伊雒帷幔玄黃本傳大將軍梁商亦歌泣於雒禊也自魏不復用三日水宴者焉

禮儀志上　續漢志四

金陵書局仿汲古閣本刊

禮儀志中

梁劉昭注補

立夏之日夜漏未盡五刻京都百官皆衣赤至季夏衣黃郊其禮祠特祭竈

自立春至立夏盡立秋郡國上雨澤若少府郡縣各埽除社稷其旱也公卿官長以次行雩禮求雨公羊傳曰大雩旱祭也何休注曰君親之南郊以六事謝過自責曰政不善與民失職與宮室崇與婦謁盛與苞苴行與讒夫昌與使童男女各八人舞而呼雩故謂之雩春秋繁露曰大旱雩祭而請雨大水鳴鼓而攻社天地之所為陰陽之所起也或請焉或怒焉何如也曰大旱陽滅陰也陽滅陰者尊厭卑也固其義也雖大甚拜請之而已敢有加也大水者陰滅陽也陰滅陽者卑勝尊也以賤陵貴者逆節故鳴鼓而攻之朱絲而脅之為其不義此亦春秋之不畏強禦也變天地之位正陰陽之序貞行其道而不忘其難義之至也又仲舒奏江都王云求雨之方損陽益陰願大王無收廣陵女子為人祝者一月租賜諸巫者諸巫毋大小皆相聚於郭門為小壇以脯酒祭女屬擇寬大便處移市市使無內丈夫丈夫無得相從飲食令吏妻各往視其夫皆到即起雨注而已服虔注左傳曰大雩夏祭天名雩遠也遠為百穀求膏雨也龍見而雩龍角亢也謂四月昏龍星體見萬物始盛待雨而大故雩祭以求雨也一說大雩者祭於帝而祈雨也一說郊祀天祈農事雩祭山川而祈雨也漢舊儀求雨太常禱天地宗廟社稷山川以賽各如其常牢禮也四

月立夏旱乃求雨禱雨而已後旱復重禱而已訖立秋雖旱不得禱求雨也

閉諸陽衣皁興土龍

山海經曰大荒東北隅有山名曰凶犂土丘應龍處南極殺蚩尤與夸父不得復上故下數旱旱而爲應龍之狀乃得大雨郭璞曰今之土龍本此氣應自然冥感非人所能爲也董仲舒云春旱求雨令縣邑以水日令民禱社稷家人祠戶毋伐名木毋斬山林暴巫聚蛇八日於邑東門之外爲四通之壇方八尺植蒼繒八其神共工祭之以生魚八玄酒具清酒膊脯擇巫之潔清辯口利辭者以爲祝祝齋三日服蒼衣先再拜乃跪陳陳已復再拜乃起祝曰昊天生五穀以養人今五穀病旱恐不成敬進清酒膊脯再拜請雨雨幸大澍奉牲禱以甲乙日爲大靑龍一長八丈居中央爲小龍七各長四丈於東方皆東鄉其間相去八尺小僮八人皆齋三日服靑衣而舞之田嗇夫亦齋三日服靑衣而立之諸里社通之於閭外之溝取五蝦蟇錯置社之中池方八尺深一尺置水蝦蟇焉具清酒膊脯祝齋三日服蒼衣拜跪陳祝如初取三歲雄雞與三歲豭猪皆燔之於四通神宇令民闔邑里南門置水其外開里北門具老豭猪一置之里北門之外市中亦置一豭猪聞彼鼓聲皆燒猪尾取死人骨埋之開山淵積薪而焚之決通道橋之壅塞不行者決瀆之幸而得雨報以豚一酒鹽黍財足以茅爲席毋斷夏求雨令縣邑以水日家人祠竈毋舉土功更火浚井暴釜於壇杵臼于術七日爲四通之壇於邑南門之外方七尺植赤繒七其神蚩尤祭之以赤雄雞七玄酒具清酒膊脯祝齋三日服赤衣拜跪陳祝如春以丙丁日爲大赤龍一長七丈居中又爲小龍六長三丈五尺於南方皆南鄉其間相去七尺壯者七人皆齋三日服赤衣而舞之司空嗇夫亦齋三日服赤衣而立之鑿社而通之閭外之溝取五蝦蟇錯置社之中池方七尺深一尺酒脯祭齋衣赤拜服陳祝如初取三歲雄雞豭猪燔之四通神宇開陰閉陽如春也季夏禱山陵以助之令縣邑一徙市於邑南門之外五日禁男子無得行入市家人祠中霤毋舉土功聚巫市旁爲之結蓋爲四通之壇於中央植黃繒五其神后稷祭之以母䐁五玄酒具清酒膊脯令各爲祝齋三日衣黃衣皆如春祠以戊己日爲大黃龍一長五丈居中央又爲小龍四各長一丈五尺於中央皆南鄉其間相去五尺丈夫五人皆齋三日服黃衣而舞之老者亦齋三日衣黃衣而立之亦通社中於閭外溝蝦蟇池方五尺深一尺他皆如前秋暴巫尪至九日毋舉火事煎金器家人祠門爲四通之壇於邑西門之外方九尺植

白繒九其神太昊祭之桐木魚九玄酒具清酒膊脯衣白衣他如春以庚辛日爲大白龍一長九丈居中央爲小龍八各長四丈五尺於西方皆西鄉其間相去九尺鰥者九人皆齋三日服白衣而舞之司馬亦齋三日衣白衣而立之蝦蟇池方九尺深一尺他如前冬舞龍六日禱於名山以助之家人祠井毋壅水爲四通之壇於邑北門之外方六尺植黑繒六其神玄冥祭之以黑狗子六玄酒具清酒膊脯祝齋三日衣玄衣祀禮如春以壬癸日爲大黑龍一長六丈居中央又爲小龍五各長三丈於北方皆北鄉其間相去六尺老者六人皆齋三日衣黑衣而舞之尉亦齋三日服黑衣而立之蝦蟇池皆如春四時皆庚子日令吏民婦人皆偶處凡求雨大體丈夫欲藏而居女子欲和而樂應龍有翼法言曰象龍之致雨難矣哉龍乎龍乎新論曰劉歆致雨具作土龍吹律及諸方術無不備設譚問求雨所以爲土龍何也曰龍見者輒有風雨興起以迎送之故緣其象類而爲之立土人舞僮二佾七日一變如故事周禮曰雩舞師而舞旱暵之事鄭玄曰雩赤草染羽爲之也旱暵注陽也用假色者欲其有時而去之反拘朱索社伐朱鼓漢舊儀曰成帝二年六月始命諸官止雨朱繩反縈社擊鼓攻之是後水旱常不和干寶曰朱絲縈社社太陰也朱火色也絲維屬天子伐鼓於社責羣陰也諸侯用幣於社請上公也伐鼓於朝退自攻也此聖人厭勝之法也禱賽以少牢如禮漢舊儀曰武帝元封日到七月畢賽之秋冬春不求雨古今注曰武帝元封六年五月旱女及巫丈夫不入市也

拜皇太子之儀百官會位定謁者引皇太子當御坐殿下北面司空當太子西北東面立讀策書畢中常侍持皇太子璽綬東向授太子太子再拜三稽首謁者贊皇太子臣某中謁者稱制曰可三

公升階上殿賀壽萬歲因大赦天下供賜禮畢罷

拜諸侯王公之儀百官會位定謁者引光祿勳前丁孚漢儀曰太常住蓋下東向讀文與此異也謁者引當拜前當坐伏殿下光祿勳前一拜舉手曰制詔其以某爲某丁孚漢儀有夏勤策文曰維元初六年三月甲子制詔以大鴻臚勤爲司徒曰朕承天序惟稽古建爾于位爲尊輔往率舊職敬敷五教五教在寬左右朕躬宣力四表保乂皇家於戲實惟秉國之均旁祗厥緒時亮天工可不愼與勤其戒之讀策書畢謁者稱臣某再拜尚書郎以璽印綬付侍御史侍御史前東面立授璽印綬王公再拜頓首三下贊謁者曰某王臣某新封某公某初謝中謁者報謹謝贊者立曰謝皇帝爲公興皆冠謝起就位供賜禮畢罷臣昭曰漢立皇后國禮之大而志無其儀良未可了案蔡質所記立宋皇后儀今取以備闕云尚書令臣囂僕射臣鼎尚書臣旭臣乘臣滂臣謨臣詣稽首言伏惟陛下履乾則坤動合陰陽羣臣大小咸以長秋宮未定遵舊依典章表仍聞歷時乃聽令月吉日以宋貴人爲皇后應期正位羣生兆庶莫不式舞易稱受茲介祉詩云干祿百福子孫千億萬方幸甚今吉日以定臣請太傅太尉司徒司空太常條列禮儀正處上羣臣妾無得上壽如故事臣囂臣鼎臣旭臣乘臣滂臣謨臣詣愚闇不達大義誠恐誠恐頓首死罪稽首再拜以聞制曰可維建寧四年七月乙未制詔皇后之尊與帝齊體供奉天地祗承宗廟母臨天下故有莘興殷姜任母周二代之隆蓋有內德長秋宮闕中宮曠位宋貴人秉淑媛之懿體山河之儀威容照耀德冠後庭羣寮所咨僉曰宜哉卜之著龜卦得承乾有司奏議宜稱紱組以母兆民今使太尉襲使持節

奉璽綬宗正祖爲副立貴人爲皇后其往踐爾位敬宗禮典肅慎中饋無替朕命永終天祿皇后初卽位章德殿太尉使持節奉璽綬天子臨軒百官陪位皇后北面太尉住蓋下東向宗正大長秋西向宗正讀策文畢皇后拜稱臣妾畢住位太尉襲授璽綬中常侍長樂太僕高鄉侯覽長跪受璽綬奏於殿前女史授婕妤婕妤長跪受以授昭儀昭儀受長跪以帶皇后皇后伏起拜稱臣妾訖黃門鼓吹三通鳴鼓畢羣臣以次出后卽位大赦天下皇后秩比國王卽位威儀赤紱玉璽

仲夏之月萬物方盛日夏至陰氣萌作恐物不楙其禮以朱索連葷菜彌牟朴蠱鍾以桃印長六寸方三寸五色書文如法以施門戶代以所尚爲飾夏后氏金行作葦茭言氣交也風俗通曰傳曰萑葦有叢呂氏春秋曰湯始得伊尹祓之於廟薰以萑葦周禮卿大夫之子名曰門子論語曰誰能出不由戶故用葦者欲人之子孫蕃植不失其類有如萑葦茭者交易陰陽代興者也殷人水德以螺首慎其閉塞使如螺也周人木德以桃爲更言氣相更也漢兼用之故以五月五日朱索五色印爲門戶飾以難止惡氣桃印本漢制所以輔卯金魏除之也日夏至禁舉大火止炭鼓鑄消石冶皆絕止至立秋如故事是日浚井改水日冬至鑽燧改火云

先立秋十八日郊黃帝是日夜漏未盡五刻京都百官皆衣黃至

立秋迎氣於黃郊樂奏黃鍾之宮歌帝臨冕而執干戚舞雲翹育命所㠯養時訓也

立秋之日夜漏未盡五刻京都百官皆衣白施皁領緣中衣迎氣於白郊禮畢皆衣絳至立冬

立秋之日自郊禮畢始揚威武斬牲於郊東門㠯薦陵廟其儀乘輿御戎路白馬朱鬣躬執弩射牲牲㠯鹿麛月令曰天子乃厲飭執弓挾矢以獵月令章句曰親執弓以射禽所以敎兆民戰陳事也四時閑習以救無辜以伐有罪所以强兵保民安不忘危也太宰令謁者各一人載獲車馳駟送陵廟還宮遣使者齎束帛㠯賜武官漢官名秩曰賜太尉將軍各六十匹執金吾諸校尉各三十匹武官倍於文官武官肆兵習戰陣之儀斬牲之禮名曰貙劉兵官皆肄孫吳兵法六十四陣名曰乘之月令孟冬講武習射御角力盧植注曰角力如漢家乘之引關蹋鞠之屬也今月令季秋天子乃教田獵以習五戎月令章句曰寄戎事之教於田獵武事不可空設必有以誡故寄教於田獵閑肄五兵天子諸侯無事而不田爲不敬田不以禮爲暴天物周禮司馬以旌致民平列陣如戰之陣王執路鼓諸侯執賁鼓軍將執晉鼓師帥執提旅帥執鼙卒長執鐃兩司馬執鐸公司馬執鐲以教坐作進退疾徐疏數之節士卒聽聲視旗隨而前却故曰師之耳目在吾旗鼓春敎振旅以蒐田夏敎茇舍以苗田秋敎治兵以獮田冬

敎大閱以狩田春夏示行禮取禽供事而已秋者殺時田獵之正其禮盛獨斷曰巡狩校獵還公卿以下陳雒陽都亭前街上乘輿到公卿下拜天子下車公卿親識顏色然後還宮古語曰在車爲下唯此時施行魏書曰建安二十一年三月曹公親耕藉田有司奏四時講武於農隙漢承秦制三時不講唯十月車駕幸長安水南門會五營士爲八陣進退名曰乘之今金革未偃士民素習可無四時講武但以立秋擇吉日大朝車騎號曰治兵上合禮名下承漢制也立春遣使者齎束帛以賜文官漢官名秩曰賜司徒司空帛四十匹九卿十五匹古今注曰建武八年立春賜公十五匹卿十匹貙劉之禮祠先虞執事告先虞已烹鮮時有司告乃逡巡射牲獲車畢有司告事畢古今注曰永平元年六月乙卯初令百官貙膢白幕皆霜風俗通稱韓子書山居谷汲者膢臘而賓水楚俗常以十二月祭飲食也又曰嘗新始殺食曰貙膢

仲秋之月縣道皆案戶比民年始七十者授之以玉杖餔之糜粥八十九十禮有加賜玉杖長九尺端以鳩鳥爲飾鳩者不噎之鳥也欲老人不噎是月也祀老人星于國都南郊老人廟季秋之月祠星于城南壇心星廟

立冬之日夜漏未盡五刻京都百官皆衣皁迎氣於黑郊禮畢皆衣絳至冬至絕事

冬至前後，君子安身靜體，百官絶事，不聽政，擇吉辰而後省事。絶事之日，夜漏未盡五刻，京都百官皆衣絳，至立春。諸五時變服，執事者先後其時皆一日。日冬至、夏至，陰陽晷景長短之極，微氣之所生也。白虎通曰：「至日所以休兵不興事，閉關商旅不行何？此日陰陽氣微，王者承天理物，故率天下靜，不復行役，以扶助微氣，成萬物也。夏至陰氣始動，冬至陽氣始萌。易曰：先王以至日閉關，商旅不行。夏至陰始起，反大熱何？陰氣始起，陽氣推而上，故大熱也。冬至陽始起，陰氣推而上，故大寒也。」故使八能之士八人，或吹黃鍾之律間竽；或撞黃鍾之鍾；或度晷景；權水輕重，水一升，冬重十三兩；或擊黃鍾之磬；或鼓黃鍾之瑟，軫間九尺，二十五絃，管處于中，左右爲商、徵、角、羽；或擊黃鍾之鼓。先之三日，太史謁之。至日，夏時四孟，冬則四仲，其氣至焉。先氣至五刻，太史令與八能之士卽坐于端門左塾。大予具樂器，夏赤冬黑，列前殿之前，西上，鍾爲端。守宮設席于器南，北面東上，正德席鼓南，西面，令晷儀東北。三刻，中黃門持兵，引太史令、八能之士入自端門，就位。二刻，侍中尚書御史謁者皆陛一刻乘輿親御臨軒安體靜居以聽之太史令前當軒溜北面跪舉手曰八能之士以備請行事制曰可太史令稽首曰諾起立少退顧令正德曰可行事正德曰諾皆旋復位正德立命八能士曰以次行事閒音以竽八能曰諾五音各三十爲闋正德曰合五音律先唱五音並作二十五闋皆音以竽樂叶圖徵曰夫聖人之作樂不可以自娛也所以觀得失之效者也故聖人不取備於一人必從八能之士故撞鍾者當知鍾擊鼓者當知鼓吹管者當知管吹竽者當知竽擊磬者當知磬鼓琴者當知琴故八士曰或調陰陽或調律曆或調五音故撞鍾者以知法度鼓琴者以知四海擊磬者以知民事鍾音調則君道得君道得則黃鍾蕤賓之律應君道不得則鍾音不調鍾音不調則黃鍾蕤賓之律不應鼓音調則臣道得臣道得則太蔟之律應管音調則律曆正律曆正則夷則之律應磬音調則民道得民道得則林鍾之律應竽音調則法度得法度得則無射之律應琴音調則四海合歲氣百川一合德鬼神之道行祭祀之道得如此則姑洗之律應五樂皆得則應鍾之律應天地以和氣至則和氣應和氣不至則天地和氣不應鍾音調下臣以法賀主鼓音調主以法賀臣磬音調主以德施於百姓琴音調主以德及四海八能之士常以日冬至成天文日夏至成地理作陰樂以成天文作陽樂以成地理訖正德曰八能士各言事八能士各書板言事文曰臣某言今月若干日甲乙日冬至黃鍾之音調君道得孝道褎商臣角民徵事羽物各一板否則召

太史令各板書封以皁囊送西陛跪授尚書施當軒北面稽首拜上封事尚書授侍中常侍迎受報聞以小黃門幡麾節度太史令前白禮畢制曰可太史令前稽首曰諾太史命八能士詣太官受賜陛者以次罷日夏至禮亦如之蔡邕獨斷曰冬至陽氣始動夏至陰氣始起麋鹿角解故寢兵鼓身欲寧志欲靜故不聽事迎送凡田獵者歲終大祭縱吏民宴飲非迎氣故但送不迎正月歲首亦如臘儀冬至陽氣起君道長故賀夏至陰氣起君道衰故不賀鼓以動衆鍾以止衆故夜漏盡鼓鳴則起晝漏盡鍾鳴則息

季冬之月星迴歲終陰陽以交勞農大享臘高堂隆曰帝王各以其行之盛而祖以其終而臘火生於寅盛於午終於戌故火家以午祖以戌臘秦靜曰古禮出行有祖祭歲終有蜡臘無正月必祖之祀漢氏以午祖以戌臘午南方故以祖冬者歲之終物畢成故以戌臘而小數之學者因爲之說非典文也

先臘一日大儺譙周論語注曰儺卻之也謂之逐疫漢舊儀曰顓頊氏有三子生而亡去爲疫鬼一居江水是爲虐鬼一居若水是爲罔兩蜮鬼一居人宮室區隅漚庾善驚人小兒月令章句曰日行北方之宿北方太陰恐爲所抑故命有司大儺所以扶陽抑陰也盧植禮記注曰所以逐衰而迎新其儀選中黃門子弟年十歲以上十二以下百二十人爲侲子皆赤幘皁製執大鼗漢舊儀曰方相帥百隸及童子以桃弧棘矢土鼓鼓且射之以赤丸五穀播灑之譙周論語注曰以葦矢射之薛綜曰侲之言善善童幼子也方相氏黃金四目蒙熊皮玄衣朱裳執戈揚盾十二獸有衣毛角中黃門

行之宂從僕射將之以逐惡鬼于禁中夜漏上水朝臣會侍中尚書御史謁者虎賁羽林郎將執事皆赤幘陛衛乘輿御前殿黃門令奏曰侲子備請逐疫於是中黃門倡侲子和曰甲作食殈胇胃食虎雄伯食魅騰簡食不祥攬諸食咎伯奇食夢強梁祖明共食磔死寄生委隨食觀錯斷食巨窮奇騰根共食蠱凡使十二神追惡凶赫女軀拉女幹節解女肉抽女肺腸女不急去後者爲糧東京賦曰捎魑魅斮獝狂斬委蛇腦方良囚耕父於清泠溺女魃於神潢殘夔魖與罔象殪壄仲而殲游光注曰魑魅山澤之神獝狂惡鬼委蛇大如車轂方良草澤神耕父女魃皆旱鬼惡水故囚溺於水中使不能爲害夔魖罔象木石之怪壄仲游光兄弟八人恒在人間作怪害也孔子曰木石之怪夔罔兩水之怪龍罔象韋昭曰木石謂山也夔一足越人謂之山獠罔兩山精好學人聲而迷惑人龍神物也非所常見故曰怪罔象食人一名沐腫埤蒼曰獝狂無頭鬼因作方相與十二獸儛嚾呼周徧前後省三過持炬火送疫出端門東京賦曰煌火馳而星流逐赤疫於四裔注曰煌火光逐驚走煌然火光如星馳赤疫疫鬼惡者也侲子合三行從東序上西序下門外騶騎傳炬出宮司馬闕門門外五營騎士傳火棄雒水中東京賦注曰衛士千人在端門外五營千騎在衛士外爲三部更送至雒水凡三輩逐鬼投雒水中仍上天池絕其橋梁使不得度還百官官府各

以木面獸能爲儺人師訖設桃梗鬱儡葦茭畢執事陛者罷山海經曰東海中有度朔山上有大桃樹蟠屈三千里其卑枝門曰東北鬼門萬鬼出入也上有二神人一曰神荼一曰鬱儡主閱領衆鬼之惡害人者執以葦索而用食虎於是黃帝法而象之敺除畢因立桃梗於門戶上畫鬱儡持葦索以御凶鬼畫虎於門當食鬼也史記曰東至於蟠木風俗通曰黃帝上古之時有神荼與鬱儡兄弟二人性能執鬼桃梗梗者更也歲終更始受介祉也蘇秦說孟嘗君曰土偶人語桃梗今子東國之桃木削子爲人虎者陽物百獸之長能擊鷙牲食魑魅者也葦戟桃杖以賜公卿將軍特侯諸侯云漢官名秩曰大將軍三公臘賜錢各三十萬牛肉二百斤粳米二百斛特侯十五萬卿十萬校尉五萬尚書丞郎各萬五千千石六百石各七千侍御史謁者議郎尚書令各五千郎官蘭臺令史二千中黃門羽林虎賁士二人共三千以爲當祠門戶直各隨多少受也

是月也立土牛六頭於國都郡縣城外丑地以送大寒月令章句曰是月之昏建丑丑爲牛寒將極是故出其物類形象以示送達之且以升陽也

饗遣故衛士儀百官會位定謁者持節引故衛士入自端門衛司馬執幡鉦護行行定侍御史持節慰勞以詔恩問所疾苦受其章奏所欲言畢饗賜作樂觀以角抵樂闋罷遣勸以農桑周禮曰府史以下則有胥有徒鄭玄注曰此謂民給傜役若今衛士矣蔡邕曰見客平樂饗衛士瑰偉壯觀也

每月朔歲首爲大朝受賀其儀夜漏未盡七刻鍾鳴受賀及贄公侯璧中二千石二千石羔千石六百石鴈四百石㠯下雉獻帝起居注曰舊典市長執鴈建安八年始令執雉百官賀正月決疑要注曰古者朝會皆執贄侯伯執珪子男執璧孤執皮帛卿執羔大夫執鴈士執雉漢魏麤依其制正旦大會諸侯執玉璧薦以鹿皮公卿以下所執如古禮古者衣皮故用皮帛爲幣玉以象德璧以稱事不以貨役禮庶羞不踰牲宴衣不踰祭服輕重之宜也二千石㠯上上殿稱萬歲蔡邕獨斷曰三公奉璧上殿向御坐北面太常賛曰皇帝爲君興三公伏皇帝坐乃進璧古語曰御坐則起此之謂也舉觴御坐前司空奉羹大司農奉飯奏食舉之樂百官受賜宴饗大作樂蔡質漢儀曰正月旦天子幸德陽殿臨軒公卿將大夫百官各陪朝賀蠻貊胡羌朝貢畢見屬郡計吏皆陛覲庭燎宗室諸劉雜會萬人以上立西面位定公納薦太官賜食酒西入東出既定上壽計吏中庭北面立太官上食賜羣臣酒食貢事御史四人執法殿下虎賁羽林弧弓撮矢陛戟左右戎頭偪脛啓前向後左右中郎將住東西羽林虎賁將住東北五官將住中央悉坐就賜作九賓徹樂舍利從西方來戲於庭極乃畢入殿前激水化爲比目魚跳躍嗽水作霧鄣日畢化成黃龍長八丈出水遊戲於庭炫耀日光以兩大絲繩繫兩柱中頭間相去數丈兩倡女對舞行於繩上對面道逢切肩不傾又蹋局出身藏形於斗中鍾磬竝作樂畢作魚龍曼延小黃門吹三通謁者引公卿羣臣以次拜微行出罷卑官在前尊官在後德陽殿周旋容萬人陛高二丈皆文石作壇激沼水於殿下畫屋朱梁玉階金柱刻鏤作宮掖之好厠以青翡翠一柱三帶韜以赤緹天子正旦節會朝百官於此自到偃師去宮四十三里望朱雀五闕德陽其上鬱律與天連雒陽宮閣簿云德陽宮殿南北行七丈東西行三十七丈四尺其每朔唯十月旦從故事者高祖定秦之月元年歲

首也蔡質漢儀曰朝見之儀視不晚朝十月朔之故以問胡廣廣曰舊儀公卿以下每月常朝
先帝以其頻故省唯六月十月朔朝後復以六月朔盛暑省之蔡邕禮樂志曰漢樂四品
一曰大子樂典郊廟上陵殿諸食舉之樂郊樂易所謂先王以作樂崇德殷薦上帝周官若樂六
變則天神皆降可得而禮也宗廟樂虞書所謂琴瑟以詠祖考來假詩云肅雍和鳴先祖是聽食
舉樂王制謂天子食舉以樂周官王大食則命奏鍾鼓二曰周頌雅樂典辟雍饗射六宗社稷之
樂辟雍饗射孝經所謂移風易俗莫善於樂禮記曰揖讓而治天下者禮樂之謂也社稷所謂琴
瑟擊鼓以御田祖者也禮記曰夫樂施於金石越於聲音用乎宗廟社稷繫乎山川鬼神此之謂
也三曰黃門鼓吹天子所以宴樂羣臣詩所謂坎坎鼓我蹲蹲舞我者也其短簫鐃歌軍樂也其
傳曰黃帝岐伯所作以建威揚德風勸士也蓋周官所謂王大獻則令凱樂軍大獻則令凱歌也
孝章皇帝親著歌詩四章列在食舉又制雲臺十二門詩各以其月祀而奏之嘉平四年正月中
出雲臺十二門新詩下大予樂官習誦彼
聲與舊詩竝行者皆當撰錄以成樂志

禮儀志中

續漢志六

禮儀志下

大喪　諸侯王列侯始封貴人公主薨

梁劉昭注補

不豫，太醫令丞將醫入，就進所宜藥。嘗藥監、近臣中常侍、小黃門皆先嘗藥，過量十二。公卿朝臣問起居無閒。太尉告請南郊，司徒、司空告請宗廟，告五嶽、四瀆、羣祀，並禱求福。疾病，公卿復如禮。登遐，皇后詔三公典喪事。百官皆衣白單衣，白幘不冠。閉城門、宮門。近臣中黃門持兵，虎賁、羽林、郎中署皆嚴宿衞，宮府各警，北軍五校繞宮屯兵，黃門令、尚書、御史、謁者晝夜行陳。三公啟手足色膚如禮。皇后、皇太子、皇子哭踊如禮。沐浴如禮。守宮令兼東園匠將女執事，黃緜、緹繒、金縷玉柙如故事。（漢舊儀曰：帝崩，唅以珠，纏以緹繒十二重。以玉爲襦，如鎧狀，連縫之，以黃金爲縷。腰以下以玉爲札，長一尺二寸，半爲柙，下至足，亦縫以黃金縷。請諸衣衿斂之。凡乘輿衣服，已御，輒藏之，崩皆以斂。）飯唅珠玉如禮。（禮稽命徵曰：天子飯以珠，唅以玉；諸侯飯以珠，唅以璧；卿大夫、士飯以珠，唅以貝。）槃冰如禮。（周禮凌人：天子喪，供夷槃冰。鄭玄曰：夷之言尸也。實冰於槃中，置之尸牀之下，所以寒尸也。漢禮器制度：大槃廣八尺長一丈二尺深三尺漆赤中（廣八尺長一丈二尺深三尺漆赤中）百官哭臨殿下是日夜下竹使符告郡國二千石諸侯王（應劭曰凡與郡國守相竹使符皆以竹箭五枚長五寸鐫刻篆書第一至第五張晏曰符以代古之珪璋從簡易也此下大喪符亦猶斯比）竹使符到皆伏哭盡哀（漢舊制發兵皆以銅虎符其餘徵調竹使而已符第合會爲大信見杜詩傳）小斂如禮東園匠考工令奏東園祕器表裏洞赤虡文畫日月鳥龜龍虎連璧偃月牙檜梓宮如故事大斂于兩楹之間五官左右虎賁羽林五將各將所部執虎賁戟屯殿端門陛左右廂中黃門持兵陛殿上夜漏羣臣入晝漏上水大鴻臚設九賓隨立殿下謁者引諸侯王立殿下西面北上宗室諸侯四姓小侯在後西面北上治禮引三公就位殿下北面特進次中二千石列侯次二千石六百石博士在後羣臣陪位者皆重行西上位定大鴻臚言具謁者以聞皇后東向貴人公主宗室婦女以次立後皇太子皇子在東西向皇子少退在南北面皆伏哭大鴻臚傳哭羣臣皆哭三公升自阼階安梓宮內珪璋諸

物近臣佐如故事嗣子哭踊如禮周禮駔圭璋璧琮琥璜之渠眉疏璧琮以斂尸鄭司農曰駔外有捷盧也謂圭璋璧琮琥璜皆爲開渠爲眉瑑璧琮以斂尸令汁得流去也鄭玄曰以斂尸者以大斂焉加之也渠眉玉飾之溝瑑也以組穿聯六玉溝瑑之中以斂尸圭在左璋在首琥在右璜在足璧在背琮在腹蓋取象方明神之也疏璧琮者通於天也東園匠武士下釘衽截去牙喪大記曰君蓋用漆三衽三束鄭玄注衽小腰太常上太牢奠太官食監中黃門尚食次奠執事者如禮太常大鴻臚傳哭如儀三公奏尚書顧命太子即日即天子位于柩前請太子即皇帝位皇后爲皇太后奏可羣臣皆出吉服入會如儀太尉升自阼階當柩御坐北面稽首讀策畢以傳國玉璽綬東面跪授皇太子即皇帝位中黃門掌兵以玉具隨侯珠斬蛇寶劒授太尉告令羣臣羣臣皆伏稱萬歲或大赦天下遣使者詔開城門宮門罷屯衞兵羣臣百官罷入成喪服如禮兵官戎文帝遺詔無布車及兵器應劭曰不施輕車介士三公太常如禮故事百官五日一會臨故吏二千石刺史在京都郡國上計掾史皆五日一會天下吏民發喪臨三日文帝遺詔天下吏民令到出臨三日釋服先葬二

日皆旦晡臨既葬釋服無禁嫁娶祠祀文帝遺詔又有飲酒食肉自當給喪事服臨者皆無踐踐徒跣也佐史㠯下布衣冠幘絰帶無過三寸臨庭中文帝遺詔殿中當臨者以旦夕各十五舉音禮畢罷非旦夕臨時禁無得擅哭臨武吏布幘大冠大司農出見錢穀給六丈布直㠯葬大紅十五日小紅十四日纖七日釋服應劭曰紅者小祥大祥以紅爲領緣纖禫也凡三十六日而釋部刺史二千石列侯在國者及關內侯宗室長吏及因郵奉奏諸侯王遣大夫一人奉奏弔臣請驛馬露布奏可㠯木爲重高九尺廣容八歷裏㠯葦席巾門喪帳皆㠯簟車皆去輔轓疏布惡輪走卒皆布褠幘太僕四輪輈爲賓車大練爲屋幙中黃門虎賁各二十人執紼司空擇土造穿太史卜日謁者二人中謁者僕射中謁者副將作油緹帳㠯覆坑方石治黃腸題湊便房如禮漢舊儀略載諸帝壽陵曰天子即位明年將作大匠營陵地用地七頃方中用地一頃深十三丈堂壇高三丈墳高十二丈武帝墳高二十丈明中高一丈七尺四周二丈內梓棺柏黃腸題湊以次百官藏畢其設四通羨門容大車六馬皆藏之內方外陟車石外方立先閉劍戶戶設夜龍莫邪劍伏弩設伏火已營陵餘地爲西園后陵餘地爲婕好以下次賜親屬功臣漢書音義曰題頭也湊以頭向內所以爲固也便房藏中便坐也皇覽曰漢家之葬方

中百步已穿築爲方城其中開四門四通足放六馬然後錯渾雜物幷漆繒綺金寶米穀及埋車馬虎豹禽獸發近郡卒徒置將軍尉候以後宮貴幸者皆守園陵元帝葬乃不用車馬禽獸等物

大駕太僕御方相氏黃金四目蒙熊皮玄衣朱裳執戈揚楯立乘四馬先驅周禮曰方相氏大喪先柩及墓入壙以戈擊四隅毆方良鄭玄曰方相放想也可畏怖之貌壙穿地中也方良罔兩也天子之椁柏黃腸爲裏表以石焉國語曰木石之怪夔罔兩旂之制長三仞十有二斿曳地畫日月升龍書旐曰天子之柩謁者二人立乘六馬爲次大駕甘泉鹵簿金根容車蘭臺法駕喪服大行載飾如金根車皇帝從送如禮太常上啓奠夜漏二十刻太尉冠長冠衣齋衣乘高車詣殿止車門外使者到南向立太尉進伏拜受詔太尉詣南郊未盡九刻大鴻臚設九賓隨立羣臣入位太尉行禮執事皆冠長冠衣齋衣太祝令跪讀諡策太尉再拜稽首治禮告事畢太尉奉諡策還詣殿端門太常上祖奠中黃門尚衣奉衣登容根車東園武士載大行司徒却行道立車前治禮引太尉入就位大行車西少南東面奉策太史令奉哀策立後

太常跪曰進皇帝進太尉讀謚策藏金匱皇帝次科藏于廟太史奉哀策葦篋詣陵太尉旋復公位再拜立哭太常跪曰哭大鴻臚傳哭十五舉音止哭太常行遣奠皆如禮請哭止哭如儀晝漏上水請發司徒河南尹先引車轉太常跪曰請拜送載車著白系參繆紼長三十丈大七寸爲輓六行行五十人公卿已下子弟凡三百人皆素幘委貌冠衣素裳校尉三人皆赤幘不冠絳科單衣持幢幡候司馬丞爲行首皆銜枚羽林孤兒巴俞擢歌者六十人爲六列鐸司馬八人執鐸先大鴻臚設九賓隨立陵南羨門道東北面諸侯王公特進道西北面東上中二千石二千石列侯直九賓東北面西上皇帝白布幕素裏夾羨道東西向如禮容車幄坐羨道西南向車當坐南向中黃門尚衣奉衣就幄坐車少前太祝進醴獻如禮司徒跪曰大駕請舍太史令自車南北面讀哀策掌故

在後已哀哭太常跪曰哭大鴻臚傳哭如儀司徒跪曰請就下位東園武士奉下車司徒跪曰請就下房都導東園武士奉車入房司徒太史令奉諡哀策晉時有人嵩高山下得竹簡一枚上有兩行科斗書之臺中外傳以相示莫有知者司空張華以問博士束晳晳曰此明帝顯節陵中策也檢校果然是知策用此書也東園武士執事下明器禮記曰明器神明之也孔子謂為明器知喪道矣備物而不可用也鄭玄注既夕曰陳明器以西行南端為上筲八盛容三升鄭玄注既夕曰筲畚種類也其容蓋與簋同黍一稷一麥一梁一稻一麻一菽一小豆一甕三容三升醯一醢一屑一鄭玄注屑薑桂之屑黍飴載以木桁覆以疏布甒二容三升醴一酒一載以木桁覆以功布瓦鐙一彤矢四軒輖中亦短衞彤矢四骨短衞既夕曰翭矢一乘骨鏃短衞鄭玄注曰翭猶候也候物而射之矢也四矢曰乘骨鏃短衞示不用也生時翭矢金鏃凡為矢五分笴長而羽其一通俗文曰細毛翭也彤弓一卮八牟八鄭玄注既夕曰牟盛湯漿豆八籩八形方酒壺八槃匜一具鄭玄注既夕曰槃匜盥器也杖几各一蓋一鍾十六無虡鎛四無虡爾雅曰大鍾謂之鏞郭璞注曰書曰笙鏞以閒亦名鎛磬十六無虡禮記曰有鍾磬而無簨虡鄭玄曰不縣之也壎一簫四笙一篪一柷一敔一瑟六琴一竽一筑一坎侯一禮記曰琴瑟張

而不平竽笙備而不和干戈各一笮一甲一胄一既夕謂之役器鄭玄曰笮矢箙輓車九乘芻靈三十六匹鄭玄注禮記曰芻靈束茅為人馬謂之芻靈神之類瓦竈二瓦釜二瓦甑一瓦鼎十二容五升匏勺一容一升瓦案九瓦大杯十六容三升瓦小杯二十容二升瓦飯槃十瓦酒樽二容五斗匏勺二容一升祭服衣送皆畢東園匠曰可哭在房中者皆哭太常大鴻臚請哭止如儀司徒曰百官事畢臣請罷從入房者皆再拜出就位太常導皇帝就贈位司徒跪曰請進贈侍中奉持鴻洞贈玉珪長尺四寸薦以紫巾廣袤各三寸緹裏赤纁周緣贈幣玄三纁二各長尺二寸廣充幅皇帝進跪臨羨道房戶西向手下贈投鴻洞中三東園匠奉封入藏房中太常跪曰皇帝敬再拜請哭大鴻臚傳哭如儀太常跪曰贈事畢皇帝促就位續漢書曰明帝崩司徒鮑昱典喪事葬日三公入安梓宮還至羨道半逢上欲下昱前叩頭言禮天子鴻洞以贈所以重郊廟也陛下奈何冒危險不以義割哀上即還容根車游載容衣司徒至便殿竝聾騎皆從容車玉帳下

司徒跪曰請就幄導登尚衣奉衣已次奉器衣物藏於便殿太祝進醴獻几下用漏十刻禮畢司空將校復土皇帝皇后以下皆去麤服服大紅還宮反廬立主如禮桑木主尺二寸不書謚虞禮畢祔於廟如禮漢舊儀曰高帝崩三日小斂室中牖下作栗木主長八寸前方後圓圍一尺置牖中望外內張緜絮以鄣外以皓木大如指長三尺四枚纏以皓皮四方置牖中主居其中央七日大斂棺以黍飯羊舌祭之牖中已葬收主為木函藏廟太室中西墻壁埳中望內外不出室堂之上坐為五時衣冠履几杖竹籠為俑人無頭坐起如生時皇后主長七寸圍九寸在皇帝主右旁高皇帝主長九寸上林給栗木長安祠廟作神主東園祕器作梓宮素木長丈三尺崇廣四尺先大駕日游冠衣于諸宮諸殿羣臣皆吉服從會如儀皇帝近臣喪服如禮醳大紅服小紅十一升都布練冠醳小紅服纖醳纖服留黃冠常冠近臣及二千石以下皆服留黃冠百官衣皁每變服從哭詣陵會如儀祭以特牲不進毛血首司徒光祿勳備三爵如禮古今注具載帝陵丈尺頃畝今附之後焉　光武原陵山方三百二十三步高六丈六尺垣四出司馬門寢殿鍾虡皆在周垣內提封田十二頃五十七畝八十五步帝王世紀曰在臨平亭之南西望平陰東南去雒陽十五里　明帝顯節陵山方三百步高八丈無周垣為行馬四出司馬門石殿鍾虡在行馬內寢殿園省在東園寺吏舍在殿北提封田七十四頃五畝帝王世紀曰故富壽亭也西北去雒陽三十七里　章帝敬陵山方三百步高六

丈二尺無周垣爲行馬四出司馬門石殿鍾虡在行馬內寢殿園省在東園寺吏舍在殿北提封田二十五頃五十五畝帝王世紀曰在雒陽東南去雒陽三十九里　和帝愼陵山方三百八十步高十丈無周垣爲行馬四出司馬門石殿鍾虡在行馬內寢殿園省在東園寺吏舍在殿北提封田三十一頃二十畝二百步帝王世紀曰在雒陽東南去雒陽四十一里　殤帝康陵山周二百八步高五丈五尺行馬四出司馬門寢殿鍾虡在行馬中因寢殿爲廟園吏寺舍在殿北提封田十三頃十九畝二百五十步帝王世紀曰高五丈四尺去雒陽四十八里　安帝恭陵山周二百六十步高十五丈無周垣爲行馬四出司馬門石殿鍾虡在行馬內寢殿園吏舍在殿北提封田一十四頃五十六畝帝王世紀曰高十一丈在雒陽十五里　順帝憲陵山方三百步高八丈四尺無周垣爲行馬四出司馬門石殿鍾虡在司馬門內寢殿園省寺吏舍在殿東提封田十八頃十九畝二十步帝王世紀曰在雒陽西北去雒陽十五里　沖帝懷陵山方百八十三步高四丈六尺爲寢殿行馬四出門園寺吏舍在殿東提封田五頃八十畝帝王世紀曰西北去雒陽十五里　質帝靜陵山方百三十六步高五丈五尺爲行馬四出門寢殿鍾虡在行馬中園吏寺舍在殿北提封田十二頃五十四畝因寢爲廟帝王世紀曰在雒陽東去雒陽三十二里　桓帝宣陵帝王世紀曰山方三百步高十二丈在雒陽東南去雒陽三十里　靈帝文陵帝王世紀曰山方三百步高十二丈在雒陽西北去雒陽二十里　獻帝禪陵帝王世紀曰不起墳深五丈前堂方一丈八尺後堂方一丈五尺角廣六尺在河內山陽之濁城西北去濁城直行十一里斜行七里去懷陵百一十里去山陽五十里南去雒陽二百一十里蔡質漢儀曰十二陵今見在河南尹無敬也　魏文帝終制略曰漢文帝之不發霸陵無求也光武之掘原陵封樹也霸陵之完功在釋之原陵之掘罪在明帝是釋之忠以利君明帝愛以害親也忠臣孝子宜思釋之之言察明帝之戒存於所以安君定親使魂靈萬載無危斯則聖賢之忠孝矣自古及今未有不亡之國亦無不掘之墓也喪亂以來漢氏諸陵無不發掘至若燒取玉柙金鏤骸骨并盡是焚如之刑也豈不重痛哉禍由乎厚葬封樹桑藿爲我戒不亦明乎臣昭案董卓傳卓使呂布發諸帝陵及公卿以下冢墓收其珍寶卓別傳曰發成帝陵解金縷探含璣焉呂氏春秋略曰審知生聖人之要也審知死聖人之極也知生者不以物害生知死者不以物害死凡生於天地之間其必有死孝子之

重其親者若親之愛其子不棄於溝壑故有葬送之義葬者藏也以生人心為之慮則莫如無動無動莫如無利藏淺則狐狸掘之深則及水泉故必高陵之上以避二害然而忘姦寇之變豈不惑哉民之於利也犯白刃涉危難以求之忍親戚欺知交以求之今無此危無此醜而為利甚厚固難禁也國彌大家彌富其葬彌厚珠玉金銅不可勝計姦人聞之轉以相告雖有嚴刑重罪不能止也且死者彌久生者彌疏彌疏則守之彌怠藏器如故而守之有怠其勢固必掘矣世主為丘隴其高若山陵樹之若林藪或設闕庭都邑以此示富則可矣以此為死者則惑矣大凡死者其視萬世猶一瞚也人之壽久者不過百中者六十以百與六十為無窮者慮其情固不相當矣必以無窮為慮然後為可今有銘其墓曰此中有金寶甚厚不可掘也必為世笑矣而為之闕庭以自表此何異彼哉自古及今未有不亡之國也無不亡之國是無不掘之墓以耳目之所聞見則齊荊燕嘗亡矣宋中山已亡矣趙韓魏皆失其故國矣自此以上亡國不可勝數故其大墓無不掘也而猶皆爭為之豈不悲哉今夫君之不令民父之不孝子兄之不悌弟皆鄉邑之所遺而憚耕耒之勞者也仍不事耕農而好鮮衣侈食智巧窮匱則合黨連衆而謀名丘大墓上曾不能禁此有葬自表之禍也昔堯葬穀林通樹之舜葬紀亦不變肆禹葬會稽不變人徒非愛其費以為死者也先王之所惡惡死者之辱以為儉則不發不發則不辱故必以儉而合乎山原也宋未亡而東家掘齊未亡而莊公掘國存而乃若此又況滅亡之後乎此愛而厚葬之故也欲愛而反害之欲安而反危之忠臣孝子亦不可以厚葬矣昔季孫以璵璠斂孔子歷級而止之為無窮慮也

太皇太后皇太后崩司空以特牲告謚于祖廟如儀長樂太僕少府大長秋典喪事三公奉制度他皆如禮儀丁孚漢儀曰永平七年陰太后崩晏駕詔曰柩將發於殿羣臣百官陪位黃門鼓吹三通鳴鍾鼓天子舉哀女侍史官三百人皆著素參以白素引棺挽歌下殿就車黃門宦者引以出宮省太后魂車鸞路青羽蓋駟馬龍旂九旒前有方相鳳皇車大將軍妻

參乘太僕妻御悉道公卿百官如天子郊鹵簿儀後和憙鄧后葬案以爲儀自此皆降損於前事也合葬羨道開通皇帝謁便房太常導至羨道去杖中常侍受至柩前謁伏哭止如儀辭太常導出中常侍授杖升車歸宮已下反虞立主如禮諸郊廟祭服皆下便房五時朝服各一襲在陵寢其餘及宴服皆封以篋笥藏宮殿後閤室

諸侯王列侯始封貴人公主薨皆令贈印璽玉柙銀縷大貴人長公主銅縷諸侯王貴人公主公將軍特進皆賜器官中二十四物使者治喪穿作柏槨百官會送如故事諸侯王公主貴人皆樟棺洞朱雲氣畫公特進樟棺黑漆中二千石以下坎侯漆丁孚漢儀曰孝靈帝葬馬貴人贈步搖赤紱葬青羽蓋駟馬柩下殿女侍史一百人著素衣挽歌引木下就車黃門宦者引出宮門朝臣中二千石將軍使者弔祭郡國二千石六百石以至黃綬皆賜常車驛牛贈祭宜自佐史以上達大斂皆以朝服君臨弔若遣使者主人免絰去杖望馬首如

禮免經去杖不敢以戚凶服當尊者前書賈山上書曰古之賢君於臣也尊其爵祿而親之疾則臨視之無數死則往弔哭之臨其小斂大斂已棺塗而後爲之服錫衰經而三臨其喪未斂而不飲酒食肉未葬不舉樂可謂盡禮矣服法服端容貌正顔色然後見之故臣下莫敢不竭力盡死以報其上功德立於世而令問不忘也晉起居注曰太尉賈充薨皇太子妃之父又太保也有司奏依漢元明二帝親臨師保故事皇太子素服爲發哀又臨其喪自王主貴人以下至佐史送車騎導從吏卒各如其官府載飾以蓋龍首魚尾華布牆纁上周交絡前後雲氣畫帷裳中二千石以上有輜左龍右虎朱鳥玄武公侯以上加倚鹿伏熊千石以下緇布蓋牆魚龍首尾而已二百石黃綬以下至于處士皆以簟席爲牆蓋其正妃夫人妻皆如之諸侯王傅相中尉內史典喪事大鴻臚奏諡天子使者贈璧帛載日命諡如禮下陵羣臣釋麤服如儀主人如禮

贊曰大禮雖簡鴻儀則容天尊地卑君莊臣恭質文通變哀敬交從元序斯立家邦逌隆

禮儀志下

祭祀志上　續漢志七

梁劉昭注補

祭祀之道自生民以來則有之矣豺獺知祭祀而況人乎故人知之至於念想猶豺獺之自然也顧古質略而後文飾耳自古以來王公所爲群祀至於王莽漢書郊祀志既著矣故今但列自中興以來所修用者以爲祭祀志謝沈書曰蔡邕引中興以來所修者爲祭祀志卽邕之意也

建武元年光武卽位于鄗爲壇營於鄗之陽春秋保乾圖曰建天子於鄗之陽名曰行皇祭告天地采用元始中郊祭故事六宗群神皆從未以祖配天地共犢餘牲尚約黃圖載元始儀最悉曰元始四年宰衡莽奏曰帝王之義莫大承天承天之序莫重於郊祀祭天於南就陽位祀地於北主陰義圜丘象天方澤則地圜方因體南北從位燔燎升氣瘞埋就類牲欲繭栗味尚清玄器成匏勺貴誠因質天地神所統故類乎上帝禋于六宗望秩山川班於群神皇天后土隨王所在而事祐耳甘泉太陰河東少陽咸失厥位不合禮制聖王之制必上當天心下合地意中考人事故曰愷悌君子求福不回回而求福厥路不通在易泰卦乾坤合體天地交通萬物聚出其律太蔟天子親郊天地先祖配天先妣配地陰陽之別以日冬至祀天夏至祀后土君不省方而使有司六宗日月星山川海星則北辰川卽河山岱宗三光衆明山阜百川衆流渟汙皐澤以類相屬各數秩望相序於是定郊祀祀長安南北郊

罷甘泉河東祀上帝壇圜八觚徑五丈高九尺茅營去壇十步竹宮徑三百步上營徑五百步神靈壇各於其方面三丈去茅營二十步廣三十五步合祀神靈以璧琮用辟神道以通廣各三十步竹宮內道廣三丈有闕各九十一步壇方三丈拜位壇亦如之　爲周道郊營之外廣九步營六甘泉北辰于南門之外日月海東門之外河北門之外岱宗西門之外　爲周道前望之外廣九步列望道乃近前望道外徑六十二步壇方二丈五尺高三尺五寸　爲周道列望之外徑九步卿望亞列望外徑四十步壇廣三丈高二尺　爲周道卿望之外徑九步大夫望亞卿望道外徑二十步壇廣一丈五尺高一尺五寸　爲周道大夫望之外徑九步士望亞大夫望道外徑十五步壇廣一丈高一尺　爲周道士望之外徑九步庶望亞士望道外徑九步壇廣五尺高五寸　爲周道庶望之外徑九步凡天宗上帝宮壇營徑三里周九里營三重通八方　后土壇方五丈六尺茅營去壇十步外上營方二百步限之其五零壇去茅營如上帝五神去營步數神道四通廣各十步宮內道廣各二丈有闕　爲周道后土宮外徑九步營岱宗西門之外河北門之外海東門之外徑各六十步壇方二丈高二尺　爲周道前望之外徑六步列望亞前望道外三十六步壇廣一丈五尺高一尺五寸　爲周道列望之外徑六步卿望亞列望道外徑二十五步壇廣一丈高一尺　爲周道卿望之外徑六步大夫望亞卿望道之外徑十九步壇廣八尺高八寸　爲周道大夫望之外徑六步士望亞大夫望道外徑十二步壇廣六尺高六寸　爲周道士望之外徑六步凡地宗后土宮壇營方二里周八里營再重道四通常以歲之孟春正月上辛上丁親郊祭天南郊以地配望秩山川徧于群神天地位皆南鄉同席地差在東共牢而食太祖高皇帝高后配于壇上西鄉后在北亦同席共牢而食日冬至使有司奉祭天神于南郊高皇帝配而望群陽夏至使有司奉祭地祇于北郊高皇后配而望群陰天地用牲二燔燎瘞埋用牲一先祖先妣用牲一天以牲左地以牲右皆用黍稷及樂

其文曰皇天上帝后土神祇睠顧降命屬秀黎元爲民父母秀不敢當群下百僚不謀同辭咸曰王莽簒弒竊位秀發憤興義兵破王邑百萬衆於

昆陽誅王郎銅馬赤眉青犢賊平定天下海內蒙恩上當天心下爲元元所歸讖記曰劉秀發兵捕不道卯金修德爲天子秀猶固辭至于再至于三群下曰皇天大命不可稽留敢不敬承

二年正月初制郊兆於雒陽城南七里依鄗采元始中故事爲圓壇八陛中又爲重壇天地位其上皆南鄉西上其外壇上爲五帝位青帝位在甲寅之地赤帝位在丙巳之地黃帝位在丁未之地白帝位在庚申之地黑帝位在壬亥之地其外爲壝重營皆紫以像紫宮有四通道以爲門日月在中營內南道日在東月在西北斗在北道之西皆別位不在群神列中八陛陛五十八醊合四百六十四醊五帝陛郭帝七十二醊合三百六十醊中營四門門五十四神合二百一十六神外營四門門百八神合四百三十二神皆背營內鄉中營四門門封神四外營四門門封神四合三十二

神凡千五百一十四神營卽壝也封封土築也背中營神五星也及中宮宿五官神及五嶽之屬也背外營神二十八宿外宮星雷公先農風伯雨師四海四瀆名山大川之屬也至七年五月詔三公曰漢當郊堯其與卿大夫博士議時侍御史杜林上疏曰爲漢起不因緣堯與殷周異宜而舊制曰高帝配方軍師在外且可如元年郊祀故事上從之語在林傳東觀書載杜林上疏悉於本傳曰臣聞營河雒以爲民刻肌膚以爲刑封疆畫界以建諸侯井田什一以供國用三代之所同及至漢興因時宜趨世務省煩苛取實事不苟貪高亢之論是以去土中之京師就關內之遠都除肉刑之重律用髡鉗之輕法郡縣不置世祿之家農人三十而取一政卑易行禮簡易從無有愚智思仰漢德樂承漢祀基業特起不因緣堯堯遠於漢民不曉信言提其耳終不悅諭后稷近於周民戶知之世據以興基由其祚本與漢異郊祀高帝誠從民望得萬國之歡心天下福應莫大于此民奉種祀且猶世主不失先俗群臣僉薦鯀考績不成九載乃殛宗廟至重衆心難違不可卒改詩云不愆不忘率由舊章明當尊用祖宗之故文章也宜如舊制以解天下之惑合於易之所謂先天而天弗違後天而奉天時義方軍師在外祭可且如元年郊祭故事隴蜀平後乃增廣郊祀高帝配食位在中壇上西面北上漢舊儀曰祭天居紫壇帷幄高皇帝配天居堂下西向紺帷帳紺席鉤命決曰自外至者無主不止自內出者無匹不行天地高帝黃帝各用犢一頭青帝赤帝共用犢一頭白帝

黑帝共用犢一頭凡用犢六頭漢舊儀曰祭天養牛五歲至三千斤按禮記曰天地之牛角繭栗而此云五歲本志用犢是也日月北斗共用牛一頭四營群神共用牛四頭凡用牛五頭凡樂奏青陽朱明西皓玄冥及雲翹育命舞中營四門門用席十八枚外營四門門用席三十六枚凡用席二百一十六枚皆莞簟率一席三神日月北斗無陛郭醊既送神燎俎實於壇南巳地周禮凡以神仕者掌三辰之法以猶鬼神祇之居辨其名物鄭玄曰猶圖也居謂坐也天者群神之精日月星辰其著位也以此圖天神人鬼地祇之坐者謂布祭衆寡與其居句孝經說郊祀之禮曰燔燎掃地祭牲繭栗或象天酒旗坐星廚倉具黍稷布席極敬心也言郊之布席象五帝坐禮祭宗廟序昭穆亦有似虛危則祭天圓丘象北極祭地方澤象后妃及社稷之席皆有明法焉

建武三十年二月群臣上言卽位三十年宜封禪泰山服虔注漢書曰封者增天之高歸功於天張晏云天高不可及於泰山上立封禪而祭之冀近神靈也項威注曰封泰山告太平升中和之氣於天祭土爲封謂負土於泰山爲壇而祭也禮記曰因名山升中於天盧植注曰封泰山告太平升中和之氣於天也東觀書載太尉趙熹上言曰自古帝王每世之隆未嘗不封禪陛下聖德洋溢順天行誅撥亂中興作民父母修復宗廟救萬姓命黎庶賴福海內清平功成治定群司禮官咸以爲宜登封告成爲民報德百王所同當仁不讓宜登封岱宗正三雍之禮以明靈契望秩羣神以承天心也詔書曰卽位三十年百姓怨氣滿腹吾誰欺欺天乎曾謂泰山不如林放何事汙七十二

代之編錄莊子曰易姓而王封於泰山禪於梁父者七十有二代其有形兆垠堮勒石凡千八百餘處許慎說文序曰蒼頡之初作書蓋依類象形故謂之文其有形聲相益故謂之字字者言孳乳而滋多也著於竹帛謂之書書者如也以迄五帝三王之世改易殊體封於泰山者七十有二代靡有同焉桓公欲封管仲非之若郡縣遠遣吏上壽盛稱虛美必髡兼令屯田從此群臣不敢復言三月上幸魯漢祀令曰天子行有所之出河沈用白馬珪璧各一衣以繒緹五尺祠用脯二束酒六升鹽一升涉渭灞涇雒佗名水如此者沈珪璧各一律在所給祠具及行沈祠佗川水先驅投石少府給珪璧不滿百里者不沈過泰山告太守以上過故承詔祭山及梁父時虎賁中郎將梁松等議記曰齊將有事泰山先有事配林蓋諸侯之禮也河嶽視公侯王者祭焉宜無即事之漸不祭配林盧植注曰配林小山林麓配泰山者也謂諸侯不郊天泰山巡省所考五嶽之宗故有事將祀之先即其漸天子則否矣泰山廟在博縣風俗通曰博縣十月祀岱宗名曰合凍十二月涸凍正月解凍太守潔齋親自執事作脯廣一尺長五寸既祀訖取泰山君夫人坐前脯三十朐太守拜章縣次驛馬傳送雒陽三十二年正月上齋夜讀河圖會昌符曰赤劉之九會命岱宗不慎克用何益於承誠善用之姦僞不萌感此文乃詔松等復案索河雒讖文言九世封禪事者松等列奏乃許焉東觀書曰群臣奏言登封告成爲民報德百王所同陛下輒拒絕不許臣下不敢頌功述德業河雒讖書赤漢九世當巡封泰山凡

三十六事傳奏左帷陛下遂以仲月令辰遵岱嶽之正禮奉圖雒之明文以和靈瑞以爲兆民上曰至泰山乃復議國家德薄災異乃至圖讖著如此初孝武帝欲求神僊㠯扶方者言黃帝由封禪而後僊於是欲封禪封禪不常時人莫知元封元年上㠯方士言作封禪器㠯示群儒多言不合於古於是罷諸儒不用三月上東上泰山郭璞注山海經曰泰山從山下至頂四十八里二百步乃上石立之泰山顛風俗通曰石高二丈一尺刻之曰事天以禮立身以義事父以孝成民以仁四海之內莫不爲郡縣四夷八蠻咸來貢職與天無極人民蕃息天祿永得遂東巡海上求僊人無所見而還四月封泰山風俗通曰封廣丈二尺高九尺下有玉牒書也恐所施用非是乃祕其事語在漢書郊祀志東觀書曰上至泰山有司復奏河雒圖記表章赤漢九世尤著明者前後凡三十六事與博士充等議以爲殷統未絕黎庶繼命高宗久勞猶爲中興武王因父受命之列據三代郊天因孔子甚美其功後世謂之聖王漢統中絕王莽盜位一民莫非其臣尺土靡不其有宗廟不祀十有八年陛下無十室之資奮振於匹夫除殘去賊興復祖宗集就天下海內治平夷狄慕義功德盛於高宗宣王宜封禪爲百姓祈福請親定刻石紀號文太常奏儀制詔曰許昔小白欲封夷吾難之季氏欲旅仲尼非焉蓋齊諸侯季氏大夫皆無事於泰山今予末小子巡祭封禪德薄而任重一則以喜一則以懼喜於得承鴻業帝堯善及子孫之餘賞蓋應圖錄當得是當懼於過差執德不弘信道不篤爲議者所誘進後世知吾罪深矣上許梁松等奏乃求元封時封禪故事議封禪所施用有司奏當用方石再累置壇中皆方五尺厚一尺

用玉牒書藏方石牒厚五寸長尺三寸廣五寸有玉檢又用石檢十枚列於石傍東西各三南北各二皆長三尺廣一尺厚七寸檢中刻三處深四寸方五寸有蓋檢用金縷五周㠯水銀和金㠯爲泥玉璽一方寸二分一枚方五寸方石四角又有距石皆再累枚長一丈厚一尺廣二尺皆在圓壇上其下用距石十八枚皆高三尺厚一尺廣二尺如小碑環壇立之去壇三步距石下皆有石跗入地四尺又用石碑高九尺廣三尺五寸厚尺二寸立壇丙地去壇三丈㠯上㠯刻書上㠯用石功難又欲及二月封故詔松欲因故封石空檢更加封而已欲及二月者虞書歲二月東巡狩至于岱宗柴范甯曰巡狩者巡行諸侯所守二月直卯故以東巡狩也祭山曰燔柴積柴加牲於其上而燔之也松上疏爭之㠯爲登封之禮告功皇天垂後無窮㠯爲萬民也承天之敬尤宜章明奉圖書之瑞尤宜顯著今因舊封竄寄玉牒故石下恐非重命之義受命中興宜當特異㠯明天意遂

使泰山郡及魯趣石工宜取完青石無必五色時吕印工不能刻玉牒欲用丹漆書之會求得能刻玉者遂書書祕刻方石中命容玉牒二月上至奉高應劭漢官馬第伯封禪儀記曰車駕正月二十八日發雒陽宮二月九日到魯遣守謁者郭堅伯將徒五百人治泰山道十日魯遣宗室諸劉及孔氏瑕丘丁氏上壽受賜皆詣孔氏宅賜酒肉十一日發十二日宿奉高是日遣虎賁郎將先上山三案行還益治道徒千人十五日始齋國家居太守府舍諸王居府中諸侯在縣庭中齋諸卿校尉將軍大夫黃門郎百官及宋公衞公褒成侯東方諸侯雒中小侯齋城外汶水上太尉太常齋山虞馬第伯自云某等七十人先之山虞觀祭山壇及故明堂宮郎官等郊肆處入其幕府觀治石石二枚狀博平圓九尺此壇上石也其一石武帝時石也時用五車不能上也因置山下爲屋號五車石四維距石長丈二廣二尺厚尺半所四枚檢石長三尺廣六寸狀如封篋長檢十枚一紀號石高丈二尺廣三尺厚尺二寸名曰立石一枚刻文字紀功德是朝上山騎行往往道峻峭下騎步牽馬乍步乍騎且相半至中觀留馬去平地二十里南向極望無不覩仰望天關如從谷底仰觀抗峰其爲高也如視浮雲其峻也石壁窅窱如無道徑遙望其人端如行朽兀或爲白石或雪久之白者移過樹乃知是人也殊不可上四布僵臥石上有頃復蘇亦賴齎酒脯處處有泉水目輒爲之明復勉强相將行到天關自以已至也問道中人言尚十餘里其道旁山脅大者廣八九尺狹者五六尺仰視巖石松樹鬱鬱蒼蒼若在雲中俛視谿谷碌碌不可見丈尺遂至天門之下仰視天門窔遼如從穴中視天直上七里賴其羊腸逶迤名曰環道往往有絙索可得而登也兩從者扶掖前人相牽後人見前人履底前人見後人頂如畫重累人矣所謂磨胸揑石捫天之難也初上此道行十餘步一休稍疲咽脣燋五六步一休牒牒據頓地不避溼闇前有燥地目視而兩脚不隨早食上脯後到天門郭使者得銅物銅物形狀如鍾又方柄有孔莫能識疑封禪具也得之者汝南召陸人姓楊名通東上一里餘得木甲木甲者武帝時神也東北百餘步得封所始皇立石及闕在南方漢武在其北二十餘步得北垂圓臺高九尺方圓三丈

所有兩陛人不得從上從東陛上臺上有壇方一丈二尺所上有方石四維有距石四面有闕鄉
壇再拜謁人多置錢物壇上亦不埽除國家上見之則詔書所謂酢梨酸棗狼籍散錢處數百幣
帛具道是武帝封禪至泰山下未及上百官爲先上跪拜置梨棗錢于道以求福即此也東山名
曰日觀日觀者雞一鳴時見日始欲出長三丈所秦觀者望見長安吳觀者望見會稽周觀者望
見齊西北有石室壇以南有玉盤中有玉龜山南脅神泉飲之極清美利人日入下去行數
環日暮時頗雨不見其道一人居其前先知蹈有人乃舉足隨之比至天門下夜人定矣　遣
侍御史與蘭臺令史將工先上山刻石文曰維建武三十有二年
二月皇帝東巡狩至于岱宗柴風俗通曰岱者胎也宗者長也萬物之始陰陽之交觸石膚寸而合不崇朝而徧雨天下惟泰山乎故爲五嶽之長耳　望秩於山川孔安國書注曰九州名山大川五嶽四瀆之屬皆一時望祭之安國又曰喻以尊卑祭之也五嶽視三公四瀆視諸侯其餘小者卿大夫伯子男　班于群神孔安國曰群神謂丘陵墳衍古之聖賢皆祭之矣　遂覲東后從臣太尉憙行司徒
事特進高密侯禹等漢賓二王之後在位孔子之後褒成侯序在
東后蕃王十二咸來助祭河圖赤伏符曰劉秀發兵捕不道四夷
雲集龍鬬野四七之際火爲主河圖會昌符曰赤帝九世巡省得
中治平則封誠合帝道孔矩則天文靈出地祇瑞興帝劉之九會
命岱宗誠善用之姦僞不萌赤漢德興九世會昌巡岱皆當天地

扶九崇經之常漢大興之道在九世之王封于泰山刻石著紀禪于梁父退省考五河圖合古篇曰帝劉之秀九名之世帝行德封刻政河圖提劉予曰九世之帝方明聖持衡拒九州平天下予雒書甄曜度曰赤三德昌九世會修符合帝際勉刻封孝經鉤命決曰予誰行赤劉用帝三建孝九會修專茲竭行封岱青河雒命后經讖所傳昔在帝堯聰明密微讓與舜庶後裔握機王莽以舅后之家三司鼎足冢宰之權勢依託周公霍光輔幼歸政之義遂以篡叛僭號自立宗廟隳壞社稷喪亡不得血食十有八年揚徐青三州首亂兵革橫行延及荆州豪傑并兼百里屯聚往往僭號北夷作寇千里無煙無雞鳴犬吠之聲皇天睠顧皇帝以匹庶受命中興年二十八載興兵起是以中次誅討十有餘年罪人則斯得黎庶得居爾田安爾宅書同文車同軌人同倫舟輿所通人跡所

至靡不貢職，建明堂，立辟雍，起靈臺，設庠序，同律度量衡孔安國書注曰同音律也度丈尺量斗斛衡斤兩也修五禮孔安國曰公侯伯子男朝聘之禮范甯曰吉凶軍賓嘉也五玉范甯曰五等諸侯之瑞珪璧也三帛孔安國曰諸侯世子執纁公之孤執玄附庸之君執黃范甯曰玄纁黃三孤所執二牲范甯曰羔雁也卿執羔大夫執雁一死雉也士所執贄范甯曰總謂上所執之以爲贄者也
吏各修職，復于舊典。在位三十有二年，年六十二，乾乾日昊，不敢荒寧，涉危歷險，親巡黎元，恭肅神祇，惠恤耆老，理庶遵古，聰允明恕。皇帝唯慎河圖、雒書正文，是月辛卯，柴，登封泰山，甲子，禪于梁陰，以承靈瑞，以爲兆民，永茲一宇，垂于後昆。百僚從臣，郡守師尹，咸蒙祉福，永永無極。秦相李斯燔詩書，樂崩禮壞。建武元年已前，文書散亡，舊典不具，不能明經文，以章句細微相況八十一卷，明者爲驗，又其十卷，皆不昭晰。子貢欲去告朔之餼羊，子曰：賜也，爾愛其羊，我愛其禮。後有聖人，正失誤，刻石記。封禪儀曰車駕十九日之山虞國家居亭百官布野此日山上雲氣成宮闕百官並見之二十一日夕牲時白氣廣一丈東南極望致濃厚時天清和無雲瑞命篇代出嶽之瑞以日爲應也

二十二日辛卯晨，燎祭

天於泰山下南方群神皆從用樂如南郊封禪儀曰晨祭也日高二丈所燔燎燔燎烟正北也諸王王者後二公孔子後褒成君皆助祭位事也封禪儀曰百官各以次上郡儲輦三百爲貴臣諸公王侯卿大夫百官皆步上少用輦輦者干寶周禮注曰對轝曰輦事畢將升封或曰泰山雖已從食於柴祭今親升告功宜有禮祭於是使謁者以一特牲於常祠泰山處告祠泰山如親耕貙劉先祠先農先虞故事至食時御輦升山封禪儀曰國家御首輦人輓升山至中觀休須臾復上日中後到山上更衣封禪儀曰須臾群臣畢就位早晡時卽位于壇北面群臣以次陳後西上畢位升壇封禪儀曰國家臺上北面虎賁陛戟臺下尚書令奉玉牒檢皇帝以寸二分璽親封之訖太常命人發壇上石封禪儀曰騶騎二千餘人發壇上方石尚書令藏玉牒已復石覆訖尚書令以五寸印封石檢封禪儀曰以金爲繩以石三檢東方西方各二檢檢中石泥及壇土色赤白黑各依如其方色事畢皇帝再拜群臣稱萬歲封禪儀曰稱萬歲音動山谷有氣屬天遥望不見山巓山巓人在氣中不知也命人立所刻石碑乃復道下封禪儀曰封畢有頃詔百官以次下國家隨後數百人維持行相逢推百官連延二十餘里道多迫小深谿高岸數百丈步從匍匐邪上起近炬火止亦駱驛步從觸擊大石石聲正讙但讙石見相應和者腸不能已口不能默夜半後到百官明日乃訖其中老者氣劣不能行臥巖石下明日早

大醫令復遵問起居國家云昨上下山欲行迫前欲休則後人所蹈道峻危險恐不能度國家不勞百官以下露臥水飲無一人蹉跌無一人疾病豈非天邪泰山率多暴雨如今上直下柴祭封登清晏溫和明日上壽賜百官省事事畢發暮宿奉高三十里明日發至梁甫九十里夕牲功效如彼天應如此群臣上壽國家不聽

二十五日甲午禪祭地于梁陰以高后配山川群神從如元始中北郊故事服虔曰禪廣土也項威曰除地爲墠後改墠曰禪神之矣封禪儀曰四月己卯大赦天下以建武三十二年爲建武中元元年復博奉高嬴勿出元年租芻稾以吉日刻玉牒書函藏金匱璽印封之乙酉使太尉行事以特告至高廟虞典曰歸格于藝祖用特太尉奉匱以告高廟藏于廟室西壁石室高主室之下袁宏曰夫天地者萬物之官府山川者雲雨之丘墟萬物生遂則官府之功大雲雨施潤則丘墟之德厚故化洽天下則功配於天地澤流一國則德合於山川是以王者經略必以天地爲本諸侯述職必以山川爲主體而象之取其陶育禮而告之歸其宗本書曰東巡狩至於岱宗柴傳曰郊祀后稷以祈農事夫巡狩觀化之常事祈農撫民之定業猶潔誠殷薦以告昊天況創制改物人神易聽者乎夫揖讓受終必有至德於天下征伐革命則有大功於萬物是故王者初基則有封禪之事蓋以其成功告於神明者也夫東方者萬物之所始山嶽者靈氣之所宅故求之物本必於其始取其所通必於所宅崇其壇場則謂之封明其代興則謂之禪然則封禪者王者開務之大禮也德不周洽不得輒議斯事功不弘濟不得髣髴斯禮曠代一有其道至高故自黃帝堯舜至三代各一得封禪未有中修其禮者也雖繼體之君時有功德此蓋率復舊業增修其前政不得仰齊造國同符改物者也夫神道貞一其用不煩天地易簡其禮尚質故籍用白茅貴其誠素器用陶匏取其易從然封禪之禮簡易可也若夫金函玉牒非天

地之性也

祭祀志上　續漢志七

金陵書局仿汲古閣本刊

續漢志八

梁劉昭注補

祭祀志中

北郊　明堂　辟雍　靈臺
迎氣　增祀　六宗　老子

是年初營北郊明堂周禮考工記曰周人明堂度九尺之筵東西九筵南北七筵堂崇一筵五室凡室二筵鄭玄曰明堂者明政教之堂周度以筵亦王者相改周堂高九尺殷三尺則夏一尺矣相參之數也孝經援神契曰明堂上圓下方八窗四達布政之宮在國之陽晏子春秋曰明宮之制下之溫溼不能及也上之寒暑不能入也木工不鏤示民知節也呂氏春秋曰周明堂茅茨蒿柱土階三等以見儉節也前志武帝欲治明堂奉高旁未明其制度濟南人公玉帶上黃帝時明堂圖圖中有一殿四面無壁以茅蓋通水水圜宮垣爲復道上有樓從西南入名曰崑崙以拜禮上帝於是作明堂汶水上如帶圖新論曰天稱明故命曰明堂上圓法天下方法地八窗法八風四達法四時九室法九州十二坐法十二月三十六戶法三十六雨七十二牖法七十二風東京賦曰復廟重屋八達九房薛綜注曰八達謂室有八窗也堂後不九室所以異於周制也王隆漢官篇曰是古者清廟茅屋胡廣曰古之清廟以茅蓋屋所以示儉也今之明堂茅蓋之乃加瓦其上不忘古也

辟雍白虎通曰辟雍所以行禮樂宣德化也辟者象璧圓以法天也雍者壅之以水象敎化流行也辟之爲言積也積天下之道德雍之爲言壅也壅天下之儀則故謂辟雍也王制曰天子辟雍諸侯泮宮外圓者欲使觀者平均也又欲言外圓內方明德當圓行當方也

靈臺未用事禮含文嘉曰禮天子靈臺所以觀天人之際陰陽之會也揆星度之驗徵六氣之瑞應神明之變化覩因氣之所驗爲萬物獲福於無方之原招太極之清泉以興稼穡之根倉廩實知禮節衣食足知榮辱天子得靈臺之則五車三柱明制可行不失其常水泉川流無滯寒暴暑之災陸澤山陵禾盡豐穰故東京賦曰左制辟雍右立靈臺薛綜注曰於之班教曰明堂大合樂射饗者辟雍司曆記候節氣者曰靈臺蔡邕明堂論曰明堂者天子太廟所以崇禮其祖以配上帝者也夏后氏曰世室殷人曰重屋周人曰明堂東曰青陽南曰明堂西曰總章北曰玄堂中曰太室易曰離也者

明也南方之卦也聖人南面而聽天下嚮明而治人君之位莫正於此焉故雖有五名而主以明堂也其正中焉皆曰太廟謹承天隨時之令昭令德宗祀之禮明前功百辟之勞起尊老敬長之義顯教幼誨稚之學朝諸侯選造士於其中以制度生者乘其能而至死者論其功而祭故爲大教之宮而四學具焉官司備焉譬如北辰居其所而衆星拱之萬象翼之敎之所由生專受作之所自來明一統也故言明堂事之大義之深也取其宗祀之清貌則曰清廟取其正室之貌則曰太廟取其尊崇則曰太室取其向明則曰明堂取其四門之學則曰太學取其四面周水圓如璧則曰辟雍異名而同事其實一也春秋因魯取宋之姦賂則顯之太廟以明聖王建清廟明堂之義經曰取郜大鼎于宋納于太廟傳曰非禮也君人者將昭德塞違故昭令德以示子孫是以清廟茅屋昭其儉也夫德儉而有度升降有數文物以紀之聲明以發之以照臨百官百官於是戒懼而不敢易紀律所以明大教也以周清廟論曰魯太廟皆明堂也魯禘祀周公於太廟明堂猶周宗祀文王於清廟明堂也禮記檀弓曰王齊禘於清廟明堂也孝經曰宗祀文王於明堂禮記明堂位曰太廟天子曰明堂又曰成王幼弱周公踐天子位以治天下朝諸侯於明堂制禮作樂頒度量而天下大服成王以周公爲有勳勞於天下命魯公世世禘祀周公於太廟以天子禮樂升歌清廟下管象舞所以異魯於天下取周清廟之歌歌於魯太廟明堂魯太廟猶周清廟也皆所以昭文王周公之德以示子孫者也易傳太初篇曰天子旦入東學晝入南學暮入西學在中央曰太學天子之所自學也禮記保傅篇曰帝入東學上親而貴仁入西學上賢而貴德入南學上齒而貴信入北學上貴而尊爵入太學承師而問道與易傳同魏文侯孝經傳曰太學者中學明堂之位也禮記古大明堂之禮曰膳夫是相禮日中出南闈見九侯門子日側出西闈視五國之事日闇出北闈視帝節猶爾雅曰宮中之門謂之闈王居明堂之禮又別陰陽門東南稱門西北稱闈故周官有門闈之學師氏敎以三德守王門保氏敎以六藝守王闈然則師氏居東門南門保氏居西門北門也知掌敎國子與易傳保傅王居明堂之禮參相發明爲四學焉文王世子篇曰凡大合樂則遂養老天子至乃命有司行事興秩節祭先師先聖焉始之養也適東序釋奠於先老遂設三老位焉春夏學干戈秋冬學羽籥皆於東序凡祭與養老乞言合語之禮皆小學正詔之於東序又曰大司成論說在東序然在詔學皆在東序東序東之堂也學者詔焉故稱太

學仲夏之月令祀百辟卿士之有德於民者禮記太學志曰禮士大夫學於聖人善人祭於明堂其無位者祭於太學禮記政穆篇曰祀先賢於西學所以教諸侯之德也卽所以顯行國禮之處也太學明堂之東序也皆在明堂辟雍之內月令記曰明堂者所以明天氣統萬物明堂上通於天象日辰故下十二宮象日辰也水環四周言王者動作發天地德廣及四海方此水也名曰辟雍王制曰天子出征執有罪反舍奠於學以訊馘告樂記曰武王伐殷爲俘馘于京太室詩魯頌云矯矯虎臣在泮獻馘京鎬京也太室辟雍之中明堂太室也與諸侯泮宮俱獻馘焉卽王制所謂以訊馘告者也禮記曰祀乎明堂所以教諸侯之孝也孝經曰孝悌之至通於神明光於四海無所不通詩云自西自東自南自北無思不服言行孝者則曰明堂行悌者則曰太學故孝經合以爲一義而稱鎬京之詩以明之凡此皆明堂太室辟雍太學事通合之義也其制度數各有所法堂方百四十四尺坤之策也屋圓屋徑二百一十六尺乾之策也太廟明堂方三十六丈通天屋徑九丈陰陽九六之變且圓蓋方載九六之道也八闥以象八卦九室以象九州十二宮以應辰三十六戶七十二牖以四戶八牖乘九室之數也戶皆外設而不閉示天下不藏也通天屋高八十一尺黃鍾九九之實也二十八柱列於四方亦七宿之象也堂高三丈以應三統四鄉五色者象其行外廣二十四丈應一歲二十四氣四周以水象四海王者之大禮也

遷呂太后於園上薄太后尊號曰高皇后當配地郊高廟語在光武紀

袁宏紀曰夫越人而臧否者非憎於彼也親戚而加譽者非優於此也處情之地殊故公私之心異也聖人知其如此故明彼此之理開公私之塗則隱諱之義著而親尊之道長矣古之人以爲先君之體猶今君之體推近以知遠則先後義鈞也而況彰其大惡以爲貶黜者乎

北郊在雒陽城北四里

張璠記云城北六里袁山松書曰行夏之時殷祭之日犧牲尚黑耳

爲方壇四陛三十三年正月辛未郊別祀地祇位南面西上高皇后配西面北上皆在壇上地理群神從食皆在壇下如

元始中故事中嶽在未四嶽各在其方孟辰之地中營內海在東四瀆河西濟北淮東江南他山川各如其方皆在外營內四陛醊及中外營門封神如南郊地祇高后用犢各一頭五嶽共牛一頭海四瀆共牛一頭群神共二頭奏樂亦如南郊旣送神瘞俎實于壇北

明帝卽位永平二年正月辛未初祀五帝於明堂光武帝配孝經云宗祀文王於明堂以配上帝故鄭玄曰上帝者天之別名神無二主故異其處避后稷也五帝坐位堂上各處其方黃帝在未皆如南郊之位光武帝位在青帝之南少退西面牲各一犢奏樂如南郊卒事遂升靈臺以望雲物杜預注傳曰雲物氣色災變也素察妖祥逆爲之備迎時氣五郊之兆自永平中以禮讖及月令有五郊迎氣服色因采元始中故事兆五郊于雒陽四方中兆在未壇皆三尺階無等立春之日迎春于東郊祭青帝句芒月令章句曰東郊去邑八里因木數也車旗服飾皆青歌青陽八

佾舞雲翹之舞及因賜文官太傅司徒已下縑各有差立夏之日迎夏于南郊祭赤帝祝融（月令章句曰去邑七里因火數也）車旗服飾皆赤歌朱明八佾舞雲翹之舞先立秋十八日迎黃靈于中兆祭黃帝后土（月令章句曰去邑五里因土數也）車旗服飾皆黃歌帝臨八佾舞雲翹育命之舞（魏氏繆襲議曰漢有雲翹育命之舞不知所出舊以祀天今可兼以雲翹祀圜丘兼以育命祀方澤）立秋之日迎秋于西郊祭白帝蓐收（月令章句曰西郊九里因金數也）車旗服飾皆白歌西皓八佾舞育命之舞使謁者以一特牲先祭先虞于壇有事天子入囿射牲以祭宗廟名曰貙劉語在禮儀志立冬之日迎冬于北郊祭黑帝玄冥（月令章句曰北郊六里因水數也）車旗服飾皆黑歌玄冥八佾舞育命之舞（獻帝起居注曰建安八年公卿迎氣北郊始復用八佾皇覽曰迎禮春夏秋冬之樂又順天道是故距冬至日四十六日則天子迎春於東堂距邦八里堂高八尺堂階三等青稅八乘旗旄尚青田車載矛號曰助天生唱之以角舞之以羽翟此迎春之樂也自春分數四十六日則天子迎夏於南堂距邦七里堂高七尺堂階二等赤稅七乘旗旄尚赤田車載戟號曰助天養唱之以徵舞之以鼓鞉此迎夏之樂也自夏至數四十六日則天子迎秋於西堂距邦九里堂高九尺堂階九等白稅九乘旗旄尚白田車載兵號曰助天收唱之以商舞之以干戚此迎秋之樂也自秋分數四十六日則天子迎冬于北堂距邦六里堂高六尺堂階六等黑稅六乘旗旄尚黑田車載甲

鐵鉞號曰助天誅唱之以羽舞之以干戈此迎冬之樂也

章帝卽位元和二年正月詔曰山川百神應祀者未盡其議增修群祀宜享祀者（東觀書詔曰經稱秩元祀咸秩無文祭法功施於民則祀之以死勤事則祀之以勞定國則祀之能禦大災則祀之以日月星辰民所瞻仰也山林川谷丘陵民所取財用也非此族也不在祀典傳曰聖王先成民而後致力於神又曰山川之神則水旱癘疫之災於是乎禜之日月星辰之神則雪霜風雨之不時於是乎禜之孝文十二年令曰比年五穀不登欲有以增諸神之祀王制曰山川神祇有不舉者爲不敬今恐山川百神應典祀者尚未盡秩其議增修群祀宜享祀者以祈豐年以致嘉福以蕃兆民詩不云乎懷柔百神及河喬嶽有年報功不私幸望黨嫌同辭其義一焉）二月上東巡狩將至泰山道使使者奉一太牢祠帝堯於濟陰成陽靈臺上至泰山修光武山南壇兆辛未柴祭天地群神如故事壬申宗祀五帝於孝武所作汶上明堂光武帝配如雒陽明堂禮癸酉更告祠高祖太宗世宗中宗世祖顯宗於明堂各一太牢卒事遂覲東后饗賜王侯群臣因行郡國幸魯祠東海恭王及孔子七十二弟子（漢晉春秋曰闕里者仲尼之故宅也在魯城中帝升廟西南群臣中庭北面皆再拜帝進爵而後坐東觀書曰祠禮畢命儒者論難）四月還京都庚申告至祠高廟世祖各一特牛又爲靈

臺十二門作詩各以其月祀而奏之和帝無所增改

安帝即位元初六年以尚書歐陽家說謂六宗者在天地四方之中為上下四方之宗以元始中故事謂六宗易六子之氣日月雷公風伯山澤者為非是三月庚辰初更立六宗祀於雒陽西北戌亥之地禮比太社也月令孟冬祈于天宗盧植注曰天宗六宗之神李氏家書曰司空李郃侍祠南郊不見六宗祠奏曰案尚書肆類于上帝禋于六宗六宗者上不及天下不及地傍不及四方在六合之中助陰陽化成萬物漢初甘泉汾陰天地亦禋六宗孝成之時匡衡奏立南北郊祀復祀六宗及王莽謂六宗易六子也建武都雒陽制祀不道祭六宗由是廢不血食今宜復舊制度制曰下公卿議五官將行弘等三十一人議可祭大鴻臚龐雄等二十四人議不可當祭上從郃議由是遂祭六宗六宗之議自伏生及後代各有不同今並抄集以證其論云虞書曰肆類于上帝禋于六宗望于山川伏生馬融曰萬物非天不覆非地不載非春不生非夏不長非秋不收非冬不藏禋于六宗此之謂也歐陽和伯夏侯建曰六宗上不謂天下不謂地傍不謂四方在六者之間助陰陽變化者也孔安國曰精意以享謂之禋宗尊也所尊祭其祀有六埋少牢于太昭祭時也相近于坎壇祭寒暑也王宮祭日也夜明祭月也幽禜祭星也雩禜祭水旱也禋于六宗此之謂也孔叢曰宰我問六宗于夫子夫子答如安國之說臣昭以此解若果是夫子所說則後儒無復紛然文秉案劉歆曰六宗謂水火雷風山澤也賈逵曰六宗謂日宗月宗星宗岱宗海宗河宗也鄭玄曰六宗星辰司中司命風伯雨師也星五緯也辰謂日月所會十二次也司中司命文昌第五第四星也風師箕也雨師畢也晉武帝初司馬紹統表駁之曰臣以為帝在于類則禋者非天山川屬望則海岱非宗宗猶包山則望何秩焉伏與歆逵失其義也六合之間非制典所及六宗之數非一位之名陰陽之說又非義也并五緯以

爲一分文昌以爲二箕畢既屬於辰風師雨師復特爲位玄之失也安國案祭法爲宗而除其天地於上遺其四方于下取其中以爲六宗四時寒暑日月衆星并水旱所宗者八非但六也傳曰山川之神則水旱厲疫之災於是乎禜之日月星辰之神則雪霜風雨之不時於是乎禜之又曰龍見而雩如此禜者祀日月星辰山川之名雩者周人四月祭天求雨之稱也雪霜之災非夫禜之所禳雩祭之禮非正月之所祈周人之後說有虞之典故於學者未盡喻也且類于上帝卽禮天也望於山川禜所及也案周禮云昊天上帝日月星辰司中司命風師雨師社稷五祀五嶽山林川澤四方百物又曰兆五帝於四郊四類四望亦如之無六宗之兆祭法云祭天祭地祭時祭寒暑日月星祭水旱祭四方及山林川谷丘陵能出雲爲風雨見怪物皆是有天下者祭百神非此族也不在祀典復無六宗之文明六宗所禋卽祭法之所及周禮之所祀卽虞書之所宗不宜特復立六宗之祀也春官大宗伯之職掌玉作六器以禮天地四方以蒼璧禮天以黃琮禮地以靑圭禮東方以赤璋禮南方以白琥禮西方以玄璜禮北方天宗日月星辰寒暑之屬也地宗社稷五祀之屬也四方之宗者四時五帝之屬也如此則群神咸秩而無廢百禮徧修而不瀆於理爲通幽州秀才張髦又上疏曰禋于六宗祀祖考所尊者六也何以考之周禮及禮記王制天子將出類于上帝宜於社造於禰巡狩四方覲諸侯歸格於祖禰用特堯典亦曰肆類于上帝禋于六宗望于山川徧於群神班瑞于群后肆覲東后叶時月正日同律度量衡巡狩一歲以周爾乃歸格於藝祖用特臣以尚書與禮王制同事一義符契相合禋于六宗正謂祀祖考宗廟也文祖之廟六宗卽三昭三穆也若如十家之說既各異義上下違背且沒乎祖之禮考之禮考之祀典尊卑失序若但類于上帝不禋祖禰而行去時不告歸何以格以此推之較然可知也禮記曰夫政必本於天殺以降命命降於社之謂殺地降於祖廟之謂仁義降於山川之謂興作降於五祀之謂制度又曰祭帝於郊所以定天位也祀社於國所以列地利也祭祖於廟所以本仁也山川所以儐鬼神也五祀所以本事也又曰禮行於郊而百神受職焉禮行於社而百貨可極焉禮行於祖廟而孝慈服焉禮行於五祀而正法則焉故自郊社祖廟五祀義之修而禮之藏也凡此皆孔子所以祖述堯舜紀三代之教著在祀典首尾相證皆先天地次祖宗而後山川群神耳故禮祭法曰七代之所更變者禘郊宗祖明舜受終文祖之廟察璇璣考七政審己天命之定遂上郊

廟當義合堯典則周公其人也郊祀后稷以配天宗祀文王於明堂以配上帝是以四海之內各以其職來祭者也居其位攝其事郊天地供群神之禮巡狩天下而遺其祖宗恐非有虞之志也五嶽視三公四瀆視諸侯皆以槩先儒之說而以水旱風雨先五嶽四瀆從祖考而次上帝錯於肆類而亂祀典臣以十一家皆非也太學博士吴商以爲禋之言煙也三祭皆積柴而實牲體焉以升煙而報陽非祭宗廟之名也鄭所以不從諸儒之說者將欲據周禮禋祀皆天神也日月星辰司中司命風師雨師凡八而日月并從郊故其餘爲六宗也以書禋于六宗與周禮事相符故據以爲說也且文昌雖有大體而星名異其日不同故隨事祭之而言文昌七星不得偏祭其第四第五此爲周禮復不知文昌之體而又妄引爲司中司命箕畢二星既不係於辰且同是隨事而祭之例又無嫌於所係者范甯注虞書曰考觀衆議各有說難鄭氏證據最詳是以附之案六宗衆議未知孰是虞書别論云地有五色太社象之總五爲一則成六六爲地數推案經句闕無地祭則祭地臣昭曰六宗紛紜衆釋互起竟無全通亦難偏折歷辨碩儒終未挺正康成見宗是多附焉盍各爾志宣尼所許顯其一說亦何傷乎竊以爲祭祀之敬莫大天地虞典首載彌久彌盛此宜學者各盡所求臣昭謂虞喜以祭地近得其實而分彼五色合爲六又不通禋更成疑昧尋虞書所稱肆類于上帝是祭天天不言天而曰上帝帝是天神之極舉帝則天神斯盡日月星辰從可知也禋于六宗是實祭地地不言地而曰六宗六是地數之中舉中是以該數社稷等祀從可知也天稱神上地表數中仰觀俯察所以爲異宗者崇尊之稱斯亦盡敬之謂也禋也者埋祭之言也實瘞埋之異稱非周禮之祭也夫置字涉神必以今之示今之示卽古之神所以社稷諸字莫不以神爲體虞書不同祀名斯隔周禮改煙音形兩異虞書改土正元祭義此焉非疑以焉可了豈六置宗更爲傍祭乎風俗通曰周禮以爲槱燎祀司中司命文昌上六星也槱者積薪燔柴也今民猶祠司命耳刻木長尺二寸爲人像行者署篋中居者別作小居齊地大尊重之汝南諸郡亦多有者皆祠以豬率以春秋之月

延光三年上東巡狩至泰山柴祭及祠汶上明堂如元和三年故事順帝卽位修奉常祀

桓帝卽位十八年好神仙事延熹八年初使中常侍之陳國苦縣祠老子九年親祠老子於濯龍文罽爲壇飾淳金釦器設華蓋之坐用郊天樂也

祭祀志中

續漢志九

祭祀志下

宗廟　社稷　靈星
先農　迎春

梁劉昭注補

光武帝建武二年正月立高廟於雒陽漢舊儀曰故孝武廟古今注曰於雒陽校官立之四時祫祀高帝爲太祖文帝爲太宗武帝爲世宗如舊餘帝四時春以正月夏以四月秋以七月冬以十月及臘一歲五祀三年正月立親廟雒陽祀父南頓君以上至春陵節侯時寇賊未夷方務征伐祀儀未設至十九年盜賊討除戎事差息於是五官中郎將張純與太僕朱浮奏議禮爲人子事大宗降其私親禮之設施不授之與自得之異意當除今親廟四孝宣皇帝以孫後祖爲父立廟於奉明曰皇考廟獨羣臣侍祠願下有司議先帝四廟當代親廟者及皇考廟事下公卿博士議郎大司徒涉等議宜奉所代立平帝哀帝成帝元帝廟代今親廟兄弟以下使有司祠宜爲南頓君立皇

考廟祭上至舂陵節侯羣臣奉祠時議有異不著上可涉等議詔曰以宗廟處所未定且祫祭高廟其成哀平且祠祭長安故高廟其南陽舂陵歲時各且因故園廟祭祀（古今注曰建武十八年七月使中郎將耿遵治皇祖廟舊廬稻田）園廟去太守治所遠者在所令長行太守事侍祠（如淳曰宗廟在章陵南陽太守稱使者往祭不使侯主祭者諸侯不得祖天子凡臨祭宗廟皆爲侍祠）惟孝宣帝有功德其上尊號曰中宗於是雒陽高廟四時加祭孝宣孝元凡五帝其西廟成哀平三帝主四時祭於故高廟東廟京兆尹侍祠冠衣車服如太常祠陵廟之禮南頓君以上至節侯皆就園廟南頓君稱皇考廟鉅鹿都尉稱皇祖考廟鬱林太守稱皇曾祖考廟節侯稱皇高祖考廟在所郡縣侍祠二十六年有詔問張純禘祫之禮不施行幾年純奏禮三年一祫五年一禘毀廟之主陳於太祖未毀廟之主皆升合食太祖五年再殷祭舊制三年一祫毀廟主合食高廟存廟主未嘗合元始五

年始行禘禮父爲昭南嚮子爲穆北嚮父子不竝坐而孫從王父決疑要注曰凡昭穆父南面故曰昭昭明也子北面故曰穆穆順也始祖特於北其後以次夾始祖而南昭在西穆在東相對禘之爲言諦諦諟昭穆尊卑之義已夏四月陽氣在上陰氣在下故正尊卑之義祫已冬十月五穀成熟故骨肉合飲食祖宗廟未定且合祭今宜已時定語在純傳上難復立廟遂已合祭高廟爲常後已三年冬祫五年夏禘之時但就陳祭毀廟主而已謂之殷太祖東面惠文武元帝爲昭景宣帝爲穆惠景昭三帝非殷祭時不祭漢舊儀曰宗廟三年大祫祭子孫諸帝以昭穆坐於高廟諸隳廟神皆合食設左右坐高祖南面幄繡帳望堂上西北隅帳中坐長一丈廣六尺繡細厚一尺著之以絮四百斤曲几黃金釦器高后右坐亦幄帳却六寸白銀釦器每牢中分之左辨上帝右辨上后俎餘委肉積於前數千斤名曰堆俎子爲昭孫爲穆昭西面曲屏風穆東面皆曲几如高祖饌陳其右各配其左坐如祖妣之法太常導皇帝入北門羣臣陪者皆舉手班辟抑首伏大鴻臚大行令九儐傳曰起復位而皇帝上堂盥侍中以巾奉觶酒從帝進拜謁贊饗曰嗣曾孫皇帝敬再拜前上酒却行至昭穆之坐次上酒子爲昭孫爲穆各父子相對也畢却西面坐坐如乘輿坐贊享奉高祖賜壽皇帝起再拜卽席以太牢之左辨賜皇帝如祠其夜半入行禮平明上九巵畢羣臣皆拜因賜胙皇帝出卽更衣中詔罷當從者奉承丁孚漢儀有桓帝祠恭懷皇后祝文曰孝曾孫皇帝志使有司臣太常撫夙興夜處小心畏忌不墮其身一不寧敢用絜牲一元大武柔毛剛鬣商祭明視薌萁嘉薦普淖鹹鹺豐本明粢醴用薦酎事於恭懷皇后尚享嘏辭賜

皇帝福恭懷皇后命工祝承致多福無疆于爾孝曾孫皇帝使爾受祿于天宜稼于田眉壽萬年介爾景福俾守爾民勿替引之太常再拜太牢左辨以致皇帝

光武皇帝崩明帝卽位㠯光武帝撥亂中興更爲起廟尊號曰世祖廟蔡邕表志曰孝明立世祖廟以明再受命祖有功之義後嗣遵儉不復改立皆藏主其中聖明所制一王之法也自執事之吏下至學士莫能知其所以兩廟之意誠宜具錄本事建武乙未元和丙寅詔書下宗廟儀及齋令宜入郊祀志永爲典式東觀書曰永平三年八月丁卯公卿奏議世祖廟登歌八佾舞功名東平王蒼議以爲漢制舊典宗廟各奏其樂不皆相襲以明功德秦爲無道殘賊百姓高皇帝受命誅暴元元各得其所萬國咸熙作武德之舞孝文皇帝躬行節儉除誹謗去肉刑澤施四海孝景皇帝制昭德之舞孝武皇帝功德茂盛威震海外開地置郡傳之無窮孝宣皇帝制盛德之舞光武皇帝受命中興撥亂反正武暢方外震服百蠻戎狄奉貢宇內治平登封告成修建三雍肅修典祀功德巍巍比隆前代以兵平亂武功盛大歌所以詠德舞所以象功世祖廟樂名宜曰大武之舞元命包曰緣天地之所雜樂爲之文典文王之時民樂其興師征伐而詩人稱其武功樞機鈐曰有帝漢出德洽作樂各與虞韶禹夏湯濩周武無異不宜以名舞叶圖徵曰大樂必易詩傳曰頌言成也一章成篇宜列德故登歌淸廟一章也漢書曰百官頌所登御者一章十四句依書文始五行武德昭貞修之舞節損益前後之宜六十四節爲武曲副八佾之數十月烝祭始御用其文始五行之舞如故勿進武德舞歌詩曰於穆世廟肅雍顯淸俊乂翼翼秉文之成越序上帝駿奔來寧建立三雍封禪泰山章明圖讖放唐之文休矣惟德罔射協同本支百世永保厥功詔書曰驃騎將軍議可進武德之舞如故㠯元帝於光武爲穆故雖非宗不毀也後遂爲常明帝臨終遺詔遵儉無起寢廟藏主於世祖廟更衣孝章卽位不敢違㠯更衣有小別上尊號曰顯宗廟閒祠於更衣四時合祭

於世祖廟語在章紀東觀書曰章帝初卽位賜東平憲王蒼書曰朕夙夜伏思念先帝躬履九德對於八政勞謙克己終始之度比放三宗誠有其美今迫遺詔誡不起寢廟臣子悲結僉以爲雖於更衣猶宜有所宗之號以克配功德宗廟至重朕幼無知寤寐憂懼先帝每有著述典義之事未嘗不延問王以定厥中願王悉明處乃敢安之公卿議駁今皆并送及有可以持危扶顚宜勿隱思有所承公無困我太尉憙等奏禮祖有功宗有德孝明皇帝功德茂盛宜上尊號曰顯宗四時祫食於世祖廟如孝文皇帝在高廟之禮奏武德文始五行之舞蒼上言昔者孝文廟樂曰昭德之舞孝武廟樂曰盛德之舞今皆祫食於高廟昭德盛德之舞不進與高廟同樂今孝明皇帝主在世祖廟當同樂盛德之樂無所施如自立廟當作舞樂者不當與世祖廟盛德之舞同名卽不改作舞樂當進武德之舞臣愚戇鄙陋廟堂之論誠非所當聞所宜言陛下體純德之妙奮至謙之意猥歸美于載列之臣故不敢隱蔽愚請披露腹心誠知愚鄙之言不可以仰四門賓于之議伏惟陛下以至德當成康之隆天下乂安刑措之時也陛下盛歌元首之德股肱貞良庶事寧康臣欽仰聖化嘉羨盛德危顚之備非所宜稱上復報曰有司奏上尊號曰顯宗藏主更衣不敢違詔祫食世祖廟樂皆如王議以正月十八日始祠仰見榱桷俯視几筵眇眇小子哀懼戰慄無所奉承愛而勞之所望於王也謝沈書曰上以公卿所奏明德皇后在世祖廟坐位駁議示蒼上言文武宣元祖祫食高廟皆以配先帝所制典法設張大雅曰昭哉來御愼其祖武又曰不愆不忘率由舊章明德皇后宜配孝明皇帝於世祖廟同席而供饌章帝臨崩遺詔無起寢廟廟如先帝故事和帝卽位不敢違上尊號曰肅宗後帝承尊皆藏主于世祖廟積多無別是後顯宗但爲陵寢之號永元中和帝追尊其母梁貴人曰恭懷皇后陵以竇后配食章帝恭懷皇后別就陵寢祭之和帝崩上尊號曰穆宗殤

帝生三百餘日而崩鄧太后攝政吕尚嬰孩故不列于廟就陵寢祭之而已安帝吕清河孝王子卽位建光元年追尊其祖母宋貴人曰敬隱后陵曰敬北陵亦就陵寢祭太常領如西陵追尊父清河孝王曰孝德皇母曰孝德后清河嗣王奉祭而已安帝吕讒害大臣廢太子及崩無上宗之奏後吕自建武吕來無毁者故遂常祭因吕其陵號稱恭宗順帝卽位追尊其母曰恭愍后陵曰恭北陵就陵寢祭如敬北陵順帝崩上尊號曰敬宗東觀書曰有司奏言孝順皇帝弘秉聖哲龍興統業稽乾則古欽奉鴻烈寬裕晏晏宣恩以極躬自菲薄以崇玄默遺詔貽約顧念萬國衣無製新玩好不飾塋陵損狹不起寢廟遵履前制敬勑慎終有始有卒孝經曰愛敬盡于事親而德教加於百姓詩云敬愼威儀惟民之則臣請上尊號曰敬宗廟天子世世獻奉藏主祫祭進武德之舞如祖宗故事露布奏可沖質帝皆小崩梁太后攝政吕殤帝故事就陵寢祭凡祠廟訖三公分祭之桓帝吕河閒孝王孫蠡吾侯卽位亦追尊祖考王國奉祀語在章和八王傳桓帝崩上尊號曰威宗無嗣靈帝吕河閒孝王曾孫解犢侯卽位亦

追尊祖考語在章和八王傳靈帝時京都四時所祭高廟五主世祖廟七主少帝三陵追尊后三陵凡牲用十八太牢皆有副倅故高廟三主親毀之後亦但殷祭之歲奉祠決疑要注曰毀廟主藏廟外戶之外西牖之中有石函名曰宗祏函中有笥以盛主親盡則廟毀毀廟之主藏于始祖之廟一世爲祧祧猶四時祭之二世爲壇三世爲墠四世爲鬼祫乃祭之有禱亦祭之祫于始祖之廟禱則迎主出陳于壇墠而祭之事訖還藏故室迎送皆蹕禮也靈帝崩獻帝卽位初平中相國董卓左中郎將蔡邕等以和帝以下功德無殊而有過差不應爲宗及餘非宗者追尊三后皆奏毀之袁山松書載邕議曰漢承亾秦滅學之後宗廟之制不用周禮每帝卽位世輒立一廟不止於七不列昭穆不定迭毀元皇帝時丞相匡衡御史大夫貢禹始建大議請依典禮孝文孝武孝宣皆以功德茂盛爲宗不毀孝宣尊崇孝武廟稱世宗中正大臣夏侯勝等猶執異議不應爲宗至孝成皇帝議猶不定太僕王舜中壘校尉劉歆據不可毀上從其議古人據正重順不敢私其君若此其至也後遭王莽之亂光武皇帝受命中興廟稱世祖孝明皇帝聖德聰明政參文宣廟稱顯宗孝章皇帝至孝烝烝仁恩博大廟稱肅宗比方前世得禮之宜自此以下政事多釁權移臣下嗣帝殷勤各欲褒崇至親而已臣下懦弱莫能執夏侯之直今聖朝尊古復禮以求厥中誠合禮議元帝世在第八光武世在第九故以元帝爲考廟尊而奉之孝明遵述亦不敢毀孝和以下穆宗威宗之號皆省去五年而再殷祫食于太祖以遵先典議遂施行四時所祭高廟一祖二宗及近帝四凡七帝古不墓祭漢諸陵皆有園寢承秦所爲也說者以爲

古宗廟前制廟後制寢已象人之居前有朝後有寢也月令有先薦寢廟詩稱寢廟奕奕言相通也廟已藏主已四時祭寢有衣冠几杖象生之具已薦新物秦始出寢起於墓側漢因而弗改故陵上稱寢殿起居衣服象生人之具古寢之意也建武已來關西諸陵已轉久遠但四時特牲祠帝每幸長安謁諸陵乃太牢祠自雒陽諸陵至靈帝皆已晦望二十四氣伏臘及四時祠廟日上飯太官送用物園令食監典省其親陵所宮人隨鼓漏理被枕具盥水陳嚴具蔡邕表志曰宗廟迭毀議奏國家大體班固錄漢書乃置韋賢傳末臣以問胡廣廣以爲實宜在郊祀志去中鬼神仙道之語取賢傳宗廟事寘其中既合孝明旨又使祀事以類相從臣昭曰國史明乎得失者也至如孝武皇帝淫祀妄祭舉天下而從焉疲秏蒼生費散國畜後王深戒來世宜懲志之所取於焉斯允不先宗廟誠如廣論悉去仙道未或易固也

建武二年立大社稷于雒陽在宗廟之右馬融周禮注曰社稷在右宗廟在左或曰王者五社太社在中門之外惟松東社八里惟柏西社九里惟栗南社七里惟梓北社六里惟槐禮郊特牲曰社祭土而主陰氣也王肅注曰五行之主也能吐生百穀者也臣昭曰列爲五官直一行之名耳自不專主陰氣陰氣地可以爲之主曰五行之主也若社則爲五行之主何復言社稷五祀乎土自列爲五祀社亦自復有祀不得同也昭又曰土地同也焉得有二書曰禹敷土又曰句龍能平九土九土九

州之土地官是五行土官之名耳方壇白虎通曰春秋文義天子社廣五丈諸侯半之其色東方青南方赤西方白北方黑上冒以黃土故將封東方諸侯取青土苴以白茅各取其面以爲封社明土謹敬潔淨也祭社有樂乎禮記曰樂之施於金石越於聲音用於宗廟社稷獨斷曰天子太社封諸侯者取其土苞以白茅授之以立社其國故謂之受茅土漢興唯皇子封爲王者得茅土其他功臣以戶數租入爲節不受茅土不立社也無屋有牆門而已禮記曰天子太社必受霜露風雨以達天地之氣也盧植曰謂無屋二月八月及臘一歲三祠皆太牢具使有司祠禮記曰地載萬物天垂象取財於地取法於天是以尊天而親地故教民美報焉家主中霤而國主社示本也盧植曰諸主祭以土地爲本也中霤其神后土即句龍也旣祀於社又祀中霤古今注曰建武二十一年二月乙酉徙立社稷上東門內漢舊儀使者監祠南向立不拜也孝經援神契曰社者土地之主也稷者五穀之長也月令章句曰稷秋夏乃熟歷四時備陰陽穀之貴者禮記及國語皆謂共工氏之子曰句龍爲后土官能平九土故祀以爲社烈山氏之子曰柱能植百穀疏自夏以上祀以爲稷至殷以柱久遠而堯時棄爲后稷亦植百穀故廢柱祀棄爲稷案前志立官社以夏禹配王莽奏立官稷后稷配也大司農鄭玄說古者官有大功則配食其神故句龍配食於社棄配食於稷白虎通曰王者所以有社稷何爲天下求福報功人非土不立非穀不食土地廣博不可偏敬五穀眾多不可一一而祭故封土立社示有土也稷五穀之長故立稷而祭之也稷者得陰陽中和之氣而用又多故稷爲長也歲再祭之何春求秋報也祭社稷以三牲重功也天子社稷皆太

牢諸侯社稷皆少牢王者諸侯所以俱兩社何俱有土之君也故禮三正記曰王者二社爲天下立社曰太社自爲立社曰王社諸侯爲百姓立社曰國社自爲立社曰侯社太社爲天下報功王社爲京師報功也孔鼂曰周祀一社一稷漢及魏初亦一社一稷至景初中旣立帝社二社二社到于今是祀而後諸儒論之其文衆矣**郡縣置社稷太守令長侍祠牲用羊豕唯州所治有社無稷以其使官古者師行平有載社主不載稷也**自漢諸儒論句龍卽是社主或云是配其議甚衆後荀彧問仲長統以社所祭者何神也統答所祭者土神也侍中鄧義以爲不然而難之或令統答焉統答義曰前見逮及敢不敬對退熟惟省郊社之祭國之大事誠非學淺思薄者所宜輿論重復亦以鄧君難事有先漸議則旣行可謂辭而不可得因而不可已者也屯有經綸之義睽有異同之辭歸于建國立家通志斷類也意則欲廣其微以宗實備其論以求眞先難而後易出異而歸同乎難曰社祭土主陰氣正所謂句龍土行之官爲社則主陰明矣不與記說有違錯也答曰今記之言社輒與郊連體有本末辭有上下謂之不錯不可得禮運曰政必本于天殽以降命命降於社之謂殽地參於天地並於鬼神又曰祭帝於郊所以定天位也祀社於國所以列地利也郊特牲曰社所以神地之道也地載萬物天垂象取財于地取法于天是以尊天而親地家主中霤國主社示本也相此之類元尚不道配食者也主以爲句龍無乃失歟難曰信如此所言土尊故以爲首在于上宗伯之體所當列上下之敍上句當言天神地祇人鬼何反先人而後地上文如此至下何以獨不可而云社非句龍當爲地哉答曰此形成著體數自上來之次言之耳豈足據使從人鬼之例邪三科之祭各指其體今獨擿出社稷以爲但句龍有烈山氏之子恐非其本意也案記言社土而云何得之爲句龍則傳雖言祀句龍爲社亦何嫌反獨不可謂之配食乎祭法曰周人禘嚳郊稷祖文王宗武王皆以爲配食者若復可須謂之不祭天乎備讀傳者則眞土獨據記者則疑句龍未若交錯參伍致其義以相成之爲善也難曰再特于郊牛者后稷配故也社於新邑牛一羊一豕一所以用二牲者立社位祀句龍緣人事之也如此非祀地明矣以宮室新成故立社耳又曰軍行載社者當行賞罰明不自專故告祖而行賞造社而行戮二主

明皆人鬼人鬼故以告之必若所云當言載地主於齋車又當言用命賞于天不用命戮于地非其謂也所以有死社稷之義者凡賜命受國造建宮室無不立社是奉言所受立不可棄捐苟免而去當死之也易句龍爲其社傳有見文今欲易神之相令記附食宜明其徵祀國大事不可不重據經依傳庶無咎悔答曰郊特牲者天至尊無物以稱專誠而社稷太牢者土於天爲卑緣人事以牢祭也社禮今亾并特之義未可得明也昭告之文皆於天地何獨人鬼此言則未敢取者也郊社之次天地之序也今使句龍載冒其名耦文于天以度言之不可謂安矣土者人所依以國而最近者也故立以爲守祀居則事之時軍則告之以行戮自順義也何爲當平於社不言用命賞於天乎帝王兩儀之參宇中之莫尊者也而盛一官之臣以爲土之貴神置之宗廟之上接之郊禘之次俾守之者有死無失何聖人制法之參差用禮之偏頗其列在先王人臣之位其於四官爵侔班同比之司徒於數居二縱復令王者不同禮儀相變或有尊之則不過當若五卿之與家宰此坐之上下行之先後耳不得同祖與社言俱坐處尊位也周禮爲禮之經而禮記爲禮之傳案經傳求索見文在於此矣鈞之兩者未知孰是去本神而不祭與貶句龍爲土配比其輕重何謂爲甚經有條例記有明義先儒未能正不可稱是鉤校典籍論本考始矯前易故不從常說不可謂非孟軻曰予豈好辯哉乃不得已也鄭司農之正此之謂也

國家亦有五祀之祭有司掌之其禮簡於社稷云五祀門戶井竈中霤也韋昭曰古者穴居故名室中爲中霤也

漢興八年有言周興而邑立后稷之祀於是高帝令天下立靈星祠三輔故事長安城東十里有靈星祠言祠后稷而謂之靈星者以后稷又配食星也舊說星謂天田星也一曰龍左角爲天田官主穀張晏曰農祥晨見而祭也祀用壬辰位祠之壬爲水辰爲龍就其類也牲用太牢縣邑令長侍祠漢舊儀曰古時

歲再祠靈星靈星春秋之太牢禮也舞者用童男十六人服虔應劭曰十六人卽古之二羽也舞者象敎田初爲芟除次耕種芸耨驅爵及穫刈舂簸之形象其功也古今注曰元和三年初爲郡國立稷及祠社靈星禮器也

縣邑常以乙未日祠先農於乙地以丙戌日祠風伯於戌地以己丑日祠雨師於丑地用羊豕立春之日皆青幡幘迎春于東郭外令一童男冒青巾衣青衣先在東郭外野中迎春至者自野中出則迎者拜之而還三時不迎

論曰臧文仲祀爰居而孔子以爲不知漢書郊祀志著自秦以來迄今王莽典祀或有未修而爰居之類衆焉世祖中興鎔除非常修復舊祀方之前事邈殊矣嘗聞儒言三皇無文結繩以治自五帝始有書契至於三王俗化彫文詐僞漸興始有印璽以檢姦萌然而未有金玉銀銅之器也臣昭曰禹會羣臣於塗山執玉帛者萬國故已贄不同圓方異等周禮天地四方璧琮琥璋各有其玉而云未

有其器斯亦何哉自上皇以來封泰山者至周七十二代封者謂封土爲壇柴祭告天代興成功也禮記所謂因名山升中於天者也易姓則改封者著一代之始明不相襲也繼世之王巡狩則修封以祭而已自秦始皇孝武帝封泰山本由好僊信方士之言造爲石檢印封之事也所聞如此雖誠天道難可度知然其大較猶有本要天道質誠約而不費者也故牲用犢器用陶匏殆將無事於檢封之閒而欒難攻之石也臣昭曰玉貴五德金存不朽有告有文何敢題刻告厥成功難可知者且唯封爲改代故曰岱宗夏康周宣由廢復興不聞改封世祖欲因孝武故封實繼祖宗之道也而梁松固爭以爲必改乃當夫既封之後未有福而松卒被誅死雖罪由身蓋亦誣神之咎也且帝王所以能大顯於後者實在其德加於民不聞其在封矣臣昭曰功成道洽天下被化德敷世治所以登封封由德興興封所以成德昭告師天遞以相感若此論可通非乎七十二矣言天地者莫大於易易無六宗在中之象若信爲

天地四方所宗是至大也而比太社又爲失所難吕爲誠矣

贊曰天地禋郊宗廟享祀咸秩無文山川具止淫乃國綦典惟皇紀肇自盛敬孰崖厥始

傳古樓景印